業苦

忌まわ昔（弐）

岩井志麻子

角川ホラー文庫
22223

目次

釈迦如来、人界に宿り給へる語　5
子を恋ひて閻魔王宮に至りし人の語　24
相撲人大井光遠が妹の強力の語　44
源頼信朝臣の男頼義、馬盗人を射殺せる語　63
近江国の生霊、京に来て人を殺しし語　82
池の尾の禅珍内供の鼻の語　101
信濃守藤原陳忠、御坂より落ち入りし語　121
人に知られざりし女盗人の語　140
平定文、本院の侍従に懸想せし語　159
信濃国の姨捨山の語　178

平安の世から令和の今に
忌まわしくも新しき「今昔物語」を
語り伝えん

釈迦如来、人界に宿り給へる語

（巻第一第一話）

釈迦が仏陀になる前は菩薩と呼ばれて兜率天の内院に住んでいた。その天上界から人間界に生まれて、仏陀になろうと志を立てたときに、天人が天上界から去る五つのしるしが現れた。そのしるしを見た天人たちは驚いて釈迦に訳を聞いた。すると釈迦は、「宇宙のすべてのものは変化するものです。私も人間界に行くでしょう」と答えた。そうして釈迦は、浄飯王とその妃摩耶夫人を両親に選び、人間界に生まれた。

妹はあの日から、妹であって妹ではなくなった。

私の妹は今日、二十三歳になったはずだ。今年二十五歳になる私の、二つ下の妹。なのに、妹は今日で二十三歳です、とはいい切れない。もしかしたら、いや、たぶん妹は今も三歳のままだ。私だけでなく、家族や三歳までの妹しか知らない人達の中では、妹はまったく成長しない。たとえ今、無事に二十三歳になっていたとしても。私達の中では、永遠に妹は三歳だ。

誰よりも、あの彼の中で。

あの彼が、妹を妹でなくした。妹を、永遠に三歳にしてしまった。私達は今も、そう信じている。

二十年前。私達一家は、ごく平凡な幸せの中に生きていた。父方の祖父が始め、当時は父も従業員だった鉄工所も堅実に経営を続け、従業員も常に五、六人いた。

広い敷地内にはもともと祖父母の家があって、隣に跡取りである父が結婚したとき新築した家があり、そこに母と私と妹と弟が暮らしていた。いずれ弟にお嫁さんが来たら増築しようなどと未来を描いていた。

鉄工所を挟んだ向こう側には、従業員達が住む二階建てアパートの寮があった。上下ともに、三世帯が入れた。

祖父が鉄工所を始めた当時からずっと住んでいる一家が二世帯あり、あとは入れ替わりがかなりあった。一か月も経たないうちに、いなくなる男達。いなくなっては、またいつの間にか戻ってきている夫婦。

なんとなく覚えている人もいれば、忘れ去った人もいる。人手不足もあったし、人の好(よ)さもありで、祖父はわりと簡単に身元がよくわからない人や、過去に問題があったらしい人も雇い入れていた。

彼も、その一人だった。

私はまだ五歳で、ちゃんと言葉にして考えたわけではないけれど、危うさと暗さがある男なのは感じていた。そして、それを魅力と取る女がいるのもわかった。その女の一人が祖父の姪（めい）、祖父の弟の娘だ。

父の従妹（いとこ）なわけだが、当時まだ二十代半ばだったから、お姉ちゃんと呼んでいた。妹もまだよく回らない口で、ねぇねぇと呼んで慕っていた。

お姉ちゃんは私達には優しかったけれど、祖父母やうちの親、鉄工所の従業員とその家族、そして彼とはしょっちゅうぶつかりあって、気の強さや情緒不安定さを見せていた。

私は、お姉ちゃんの親はまったく知らない。祖父の弟であるお姉ちゃんの父は若いときからグレていて、刑務所に入ったこともあるらしい。

お姉ちゃんの母は男を作って逃げてしまい、お姉ちゃんは小学生の頃、伯父（おじ）である私の祖父の許（もと）に引き取られたのだ。祖父母の子は父だけで、だからお姉ちゃんは血のつながらない祖母からも実の娘のように可愛がられていた。

その後に私は生まれたので、お姉ちゃんは最初から家にいる家族だった。祖父母の家に住んでいて、そんな美人というほどじゃなかったけれど、おしゃれで華やかな雰囲気があり、近所周りでも目立つ存在だった。

高校を出て近所のスーパーに勤めたり喫茶店でバイトしたことがあったものの、いつからか働かなくなって夜遊びや家出を繰り返すようになった。どんどん見た目も派手になっていき、恋人らしき男もしょっちゅう変わっていた。飲み屋で喧嘩をした、酔って店の看板を壊した、そんな揉め事でたびたび警察沙汰にもなった。もちろん祖父母はそのたびに怒ったし、きつく叱りもした。従兄である父とも、生活態度を巡って激しくいい争っていたのを覚えている。

「いいたくないけど、やっぱり親の血を引いているのかしらねぇ。氏より育ちっていうけど、血は水よりも濃いっていい方もあるし」

母は正面からお姉ちゃんと衝突することはなかったものの、近所の奥さん仲間に愚痴っていたのも記憶の中にある。

そんなお姉ちゃんを突き放すのではなく、祖父母はなんとか更生させようと努めた。彼氏と呼んでいたあの彼を、従業員として雇い入れたのもそのためだ。

お姉ちゃんと彼氏は、社員寮のアパートで一緒に暮らし始めた。お姉ちゃんと同い年くらいだった彼もまた家庭が複雑で、鑑別所などに入れられた時期もあった。

繁華街のどこかの店で知り合ったらしい二人は、しばらくの間は真面目に暮らしていた。本気で真っ当に生きようと誓い合ったのか、行き場も金もないからとりあえず祖父を頼っただけなのか、そのときの二人の気持ちはわからない。どちらも真実かもしれない。

人の気持ちというものは変わっていくものだ。

ともあれ彼は黙々と鉄工所で働き、お姉ちゃんも家事をしながら鉄工所の簡単な雑事を手伝ったり、昼食どきはみんなのために大量の味噌汁（みそしる）などを作っていた。

確かにあの頃のお姉ちゃんは、穏やかで真面目になっていたと思う。彼もまだどこかちょっと近寄り難い雰囲気を漂わせてはいたものの、私や妹には優しい顔を見せ、冗談などもいって笑わせてくれた。

そんな平穏で幸せな生活が失われたのは、ひどく蒸し暑い七月の夜だった。

その頃、私は妹と一つの部屋で、親と弟は隣の部屋で寝ていた。母が十一時くらいに私と妹の部屋をのぞき、暑さではねのけていたタオルケットを掛け直したという。

私は熟睡していたけれど、そのときまでは確かに妹は隣にいたのだ。

そして翌日の朝、すでに外は明るくなっていたものの、まだ五時にもなっていなかった時刻、私は周りの騒ぎで目を覚ました。妹がいなくなっていたのだ。

うちの家、祖父母の家、鉄工所の中、敷地内の庭や車庫、倉庫、そして従業員の寮までみんな必死に捜したが、いない。

そのとき、お姉ちゃんは自分の部屋にいたというが、彼はいなかった。そのことで、彼が連れ出したんじゃないかと誰かがいい出し、お姉ちゃんは泣きわめいた。

そうして六時過ぎ、通報で駆けつけた警察官達とほぼ同時に、彼も帰ってきた。

「昨夜は仕事の後、地元の友達に会おうとうちを出たけど、最終電車に乗れなくてしばらく街をぶらぶらした後、タクシーで向かった。

でも、友達には会えなかった。タクシー代と飲み代でお金がなくなったので、駅前のハンバーガーショップで時間つぶして始発電車で戻ってきた」

これが祖父母やうちの親、そして警察にもした彼の説明、不在証明だ。

当時の携帯電話は高価で、若い世代にまでは普及していなかった。彼も持っておらず、今のように至る所に防犯カメラもついていなかった。タクシーにもドライブレコーダーはなく、彼の行動を裏付けるものは何一つなかった。

相手の「地元の友達」も、曖昧なのだった。最初は中学時代の同級生の名前をあげ、しばらくして以前のバイト先の先輩になり、実は元彼女に会いにいったことを知られたくなくて嘘をついたといい出し、本当は親戚に金を借りに行くつもりだったと翻す。

警察は、彼に名前をあげられた友人知人に当たったが、彼らの答えもあやふやだった。

「その日、待ち合わせ場所に現れなくて。一時間待ってから帰りました。でも、そういうのしょっちゅうだったから」

「俺、いつも駅前の溜まり場になってる飲み屋にいるんです。だから約束してなくても、そこに来れば会えるんですよ。でも、あいつその日は来なかった」

「実はあいつと別れてからも、けっこうつきまとわれてました。本当にその夜、あたしんちの近くに来てたのかも。今の彼氏が、変な男がうろついてたといってたし」

「あの子はうちによく金借りに来て、それが嫌で最近は居留守を使ってました。もしかしたら本当にその夜、来てたかも。飼い犬が、夜中に庭でかなり吠えてたから」

祖父母も親も従業員も近所周りの人達も、ほぼ彼を犯人と決めてかかった。お姉ちゃんだけが、そんなはずはないと叫んだ。

「連れ出す理由がないじゃない。意味がないじゃない」

いや、動機というものはあった。彼は遅刻や勤務態度で祖父と父によく怒られていたし、車を買いたいからと給料の前借を頼んで断られてもいた。

妹がいなくなった日は、本当なら彼はお姉ちゃんと遊園地に遊びに行く予定にしていたのを、仕事が残っているからと父が日程を変更させていた。

うちの一家への嫌がらせ、腹いせで彼が妹をどこかに連れ出した。

最初から、警察もそう見ていた。家、敷地内、鉄工所、寮、その辺りは家族、従業員以外の誰かが侵入した形跡はなく、近所周りでの不審者の目撃情報もない。

彼はアパートを出ていき、親戚宅に移った。そこから警察署に呼びだされ、何週間も取り調べを受けた。一応は任意だったが、第一にして唯一の容疑者だった。

全国ニュースでも取り上げられ、マスコミ関係者が大勢やってきた。ワイドショーでも、彼を名指しこそしないものの、犯人とほぼ決めつけていた。

祖父と父は怒り狂い、祖母と母は毎日泣き、お姉ちゃんは部屋に引きこもって病人のようになった。お姉ちゃんにとって、我が家は針の筵となった。

お姉ちゃんは、妹の行方不明には何も関係ないのに、「あんな男をうちに連れてこなければ」と私の祖父母と親から恨み言は浴びせられるし、誰より母が取り乱し、

「あんた、実はあの子の居場所を知ってるんじゃないの。あの子が連れ去られるのも見ていたんじゃないの。まさか手伝ったりしてないわね」

何度か、お姉ちゃんにつかみかかった。気の強いお姉ちゃんも、そんな母には何もいい返さず泣くだけだった。平穏で幸せだった我が家は、常に修羅場で生き地獄となった。

祖父と父は彼がいる親戚宅を連日訪ね、ときには暴力的な詰問をしたり、わざと近隣に妹を捜していますというポスターを貼ったりして、逆に向こうから警察を呼ばれたりした。

誰もが、彼が妹を連れ去ったと確信していた。でも、怪しいというだけで何一つ物的証拠はなかった。彼は頑として、知らないといい張った。

そうして彼はいつの間にか、姿を消した。

彼の親はとうに行方不明で、兄弟も親戚も彼の行方などまったくわからないという。友達や知り合いに聞いても、彼をかばっているのでも匿っているのでもなく、本当に誰も行き先や居場所、連絡先を知らないのだった。

そうして彼の跡を追うように、もしかしたら本当に追ったのかもしれないが、お姉ちゃんもいつの間にかいなくなっていた。

彼がアパートから消えてしばらくは、お姉ちゃんも一緒に住んでいた部屋にいたけれど、すぐに住み慣れた祖父母の家に戻っていた。なんだかんだいっても、親代わりだった祖父母はお姉ちゃんには優しかったのだ。なのに。

——修羅場にも生き地獄にも平凡な現世にも、等しく時間は流れていく。二十年もの年月が過ぎ、妹の二十三回目の誕生日がやってくる。

怪しい彼、可哀想なお姉ちゃん、何より誰より哀れな妹の行方は、杳として知れなかった。警察の捜査もマスコミ報道も次第に小さくなり、この子を捜してます、という妹の顔写真のポスターも町内で定期的に貼り換えられるものの、色あせていくだけだった。

母親は、いなくなってからも妹の分の食事を用意し、妹の服や持ち物は何一つ処分しなかった。妹の誕生日には、本人不在のままケーキが用意され、毎年一本ずつ増えていくロウソクを添え、家族で祝った。

　すでに祖父母も亡くなり、父が社長となった鉄工所では、妹の事件をまったく覚えていない弟が働いていた。

　弟は家族や親戚からだけでなく、要らないことを吹き込む近所の人や同級生などにも聞かされ、事件の概要はだいたい知っていた。

　あのとき赤ちゃんだった弟は、最初から存在しないも同然だった下の姉を恋しいとも会いたいとも願っておらず、これまた見たこともない父の従妹（いとこ）やその彼に対する憎しみも濃いものではなかった。

　私は妹を忘れることなどないけれど、常に妹を思って泣くことはなくなった。次第に顔の輪郭もぼやけていき、妹との思い出も少しずつ、でも確実に薄れていった。

　ストレスから私はいっとき過食に走り、かなりの肥満体になった。親が学校以外はなるべく私を家に閉じこめておきたがったこともあり、陽に当たらないから肌は真っ白になっていき、白象なんてあだ名をつけられた。

　親は、妹がいなくなった当時の取り乱しようはなくなったものの、今も妹は絶対に生きてどこかにいると信じていた。

「それまでは死ねないね」

　と、それでも笑顔でいえるようにはなっていた。親は、妹のことは話題にしても、お姉ちゃんと彼については極力、口にしないようにしていた。

親は生死も所在も不明のお姉ちゃんと彼のことを思い出すと、様々な恨みと憎しみが解凍されてしまうのだ。興奮し、昂り、きっとあの彼に殺されている、といった言葉を口走りそうになるのを抑えている。

ふっと、妹はいなくなった。だから、またふっと戻ってくる。そんなふうに、親は思いたがっている。夢を、見たがっている。犯人がいる、となれば、妹は二度と戻って来ない。その過酷な現実を突きつけられる。

私は今も、妹と寝ていたあの部屋を自分の部屋としている。高校、専門学校を卒業し、会社勤めをするようになってからは交際相手もできたけれど、なんとなく結婚にまでは至らなかった。いろんなものが、私を踏みとどまらせた。

最後の相手と別れて、もう一年以上が過ぎた。今のところ、独り身を楽しんでいる。そう、楽しんでいる。

私はたぶん、ずっとこの家の娘のままでいる。永遠に三歳の妹の分まで、私は父と母の娘でいようと、いつからか決めていた。

過食は落ち着いて、病的な肥満体ではなくなったものの、ぽっちゃりは変わりない。親は私を、いつまでも赤ちゃんみたいだと微笑んで見る。

今晩は、妹の二十三歳の誕生日だ。親は、長い付き合いの洋菓子店にケーキを注文している。二十三本のロウソクとともに。

夜の八時過ぎ。親と弟と私、一家がテーブルに着いて本人不在の誕生会を開こうとしたときだ。玄関先に、誰かがいる気配がした。

妹のあの事件があってから、玄関に人が近づくと反応する照明を設置していた。リビングの窓から、玄関に誰かが近づいたのもわかった。

来客なら呼び鈴を押すはずだが、鳴らない。なのに誰かがずっと、玄関先にいる。

父がやや険しい顔で出ていき、玄関のドアを開ける音がした。

その間、私達は何か妙な緊張感に包まれて無言でいた。しばらくして、

「おーい、ちょっと来てくれ」

玄関にいる父が、その場を動かず声を上げた。そのただならぬ響きに私達は、すでに怖いことが起きたのをわかっていた。

揃(そろ)って玄関に行くと、立ち尽くす父の向こうに妹がいた。

母が、駆け寄って妹の名前を叫んだ。弟は無表情で、棒立ちになっている。

私は悪夢でしかない現実を受け入れられず、でも受け入れるしかなく、やっぱり立ち尽くす他なかった。

妹は、三歳のままだった。素晴らしい夢なのか、とてつもない悪夢なのか、私達は考えも言葉もまとまらない。

「警察には、届けなくていいのかな」

弟が最も冷静に、これは素晴らしかろうが恐ろしかろうが夢ではなく現実だ、ということを突きつけてきた。

そうだ、これはほんのちょっとどこかに出かけて行って、心配させたけどすぐ戻ってきた、というのんきな話ではない。

幼かった妹は突然姿を消して警察も大々的に事件として捜査し、全国ニュースでも報道されたのだ。戻ってきました、と届けるべきだろう。

でも、妹は本当に妹なのか。その子は泣くでもなく不安がるでもなく、ぼうっと無表情で立っていた。記憶の中、写真に残る妹だ。なのに、何かが違う。

いなくなったときの、青地に象の絵がついたパジャマを着ている。間違いなく、これは妹の服だ。なぜなら母の手作りで、市販されていないものだからだ。

特に深い意味もなく、象さんのアップリケがたまたま裁縫箱にあったから母が縫い付けたそのパジャマは、色違いで私も着ていた。私の分は、もう処分されてしまっていた。

「本当にあの子なの」

父と母は交互に抱きあげて泣きながら頬ずりしたが、妹のような子、そう、妹ではなく、妹のような子としかいいようのない子は、されるがままだった。私も、しゃくりあげた。

見た目は三歳くらいだが、生まれて間がない赤ちゃんのような雰囲気があった。

そして、手に何か持っていた。折りたたんだ紙だ。

弟がもっともなことを、冷静に続けた。

「みんな落ち着いてくれよ。この子が俺の姉ちゃんだとしたら、二十三歳ってことになる。そんなわけないだろ。この子はどこかの知らない子だよ」

そうして弟は、妹のような子の手から紙を取った。妹のような子は、これもされるがままで、嫌がりも抵抗もしなかった。

とりあえず、警察に通報した。警察官が来るまで、私達はリビングに移ることになった。母は、妹のような子を抱きしめて離さない。

妹のような子は、とにかくされるがままだ。妹のようなこの子は、あまり普通の環境には置かれていなかったようだ。それは、直感していた。

弟の手の中で開かれた紙には、文章が書きつけてあった。どこかで見た字で。

『これを書いている私は、お宅でお姉ちゃん、ねぇねぇと呼ばれていた人です。

三歳の誕生日を少し過ぎた頃にいなくなったこの子は、確かに彼が連れ出しました。

あなたたち家族への腹いせ、嫌がらせ。理由はさんざんいわれた通り、そのまんまでした。

最初は親戚(しんせき)宅に隠していたのですが、次第に世間で大騒ぎになってきて彼も困り、殺そうかとまで思い詰めるようになりました。

止めたのは私です。最初から彼がやったなとわかっていた私は彼にこっそり会いに行き、この子と再会しました。この子は私になついていたし、会えて喜んでいました。私達は、決意しました。二人が夫婦になり、この子を我が子として育てようと。そうして三人、各地を転々としました。彼も私も、よく働きました。その間、この子はずっと家に閉じ込めておきました。

私と彼以外の人と会わせず、もちろん学校なども行かせず、一歩も家から出しませんでした。出せば、私達は捕まる。それ以上に、この子をあなたたちに戻したくなかった。

この子にとって、私と彼と過ごす小さな部屋だけが世界の全てでした。監獄、監禁、そんな言葉は当てはまりません。この子は、極楽にいたのです。何の争いもなく、敵も競争相手もいない。何もしなくてもご飯が食べられ、つらいこと苦しいことは一切ない。

彼と私をパパママと呼び、外に出たがることもありませんでした。むしろ、外に出るのをひどく怖がりました。

この子は本当におとなしい良い子で、近所周りに存在を気づかれることもありませんでした。私達はこの子を、永遠に三歳にしておこうと考えたのです。よその子は、たまに会うといきなり大きくなっていて驚きますが、毎日見ていると成長になかなか気づかないものです。この子は一切、写真も撮りませんでしたから。テレビも見せず本も読ませず、会話は私達だけ。会話も、大人のそれは絶対に避け、三歳児として接しました。

でも、当たり前ですが体は成長していくのです。常に着せていた象さんのパジャマも着られなくなり、次々に服を買い替えなければならなくなりました。ついに私の服を、そのまま共用できるようにもなりました。

そしてこの子が二十歳になった頃、妊娠しているのに気づきました。

気づいたときにはもう、中絶できない時期にかかっていました。家から一歩も出さず、誰にも会ってない子の妊娠。そう、相手は彼でした。

彼を責める余裕もなく、ただもうこの子が産む子をどうしよう、そればかり悩みました。

ネットで自宅出産のやり方を調べ、なんとか分娩させました。血みどろになって、私達はがんばりました。この子は自分の身に何が起こったか、よくわかっていませんでした。

彼が生活費を稼ぎに出て、私が家でこの子とその赤ちゃんの面倒を見ました。

この子は体は成人していても、心は三歳のままだったのですから。私がいなければ、どうにもなりません。

この子はさておき、赤ちゃんには戸籍も名前もありませんでした。法的には、この世には存在しない子です。

さすがに、この子と赤ちゃんと彼と四人で暮らすのは大変だ、どうしようと思いながらも、一年くらいはどうにか生活しました。

ところがある日、彼がまたこの子を連れ出したのです。前回は確かに、伯父(おじ)さんや従兄(いとこ)への嫌がらせでしたが、今回は駆け落ちといっていいものでした。

私は、赤ちゃんとともに残されました。しばらくは二人で暮らしていましたが、もうこんな生活はやめようと決めました。

赤ちゃんだった子も、この子が連れ去られた三歳が近づいてきました。そうだ、元の家に戻そう、と思いついたのです。今頃になって、この子の親や祖父母がこの子を泣きながら捜し回っていたことを、罪悪感とともに生々しく思い出したのです。

この子はあなたたちの娘、そして妹です。その子を、三歳のままお返しします。彼が連れ出し、閉じ込めていた日々は、なかったこととしてください。

あの真夏の蒸し暑い夜、この子はちょっと怖い夢で目を覚まし、ちょっとお外に出て動き回り、目につく花を摘んでは捨て、汗をかき、みんなを小一時間ほど心配させ、すぐに戻ってきたのです。

この子は学校に行かせて外に友達も作らせ、普通に育ててください。私はこの子をお宅に送り届けたら、また消息を絶ちます。まったく別の世界に旅立ちます』

あれから二十年が経ち、あの頃に妹を捜索してくれた警官もとうに異動や退職となり、事情を知らない警官達がやってきた。

その日、うちの玄関前に不審な女と幼い女の子が立っているのを見た、という近所の人も現れた。不審な女が女の子を置いて立ち去るなり、ドアが開いてお父さんが出てくるところまでを見た、と。

再び全国ニュースになり、マスコミ関係者がうちに来ることとなった。DNA鑑定の結果も出て、もちろんこの女の子は妹本人ではないけれど、妹が産んだのは間違いないとわかった。私の父と母と血縁関係があったのだ。

お姉ちゃんが、彼との間に産んだ子ではないか。妹はさらわれた直後に殺害されている、と疑う警官達もいた。でもお姉ちゃんとは血縁関係のないうちの母の遺伝子が混ざっていたのだから、やっぱり妹の子なのだった。

母の手作りのパジャマも、決め手となった。写真に残っていて、いなくなった当日の服装としてポスターにも掲載されていた。その象さんのパジャマは、大事にしまわれた。

手紙を書いたのがお姉ちゃんだとして、内容が事実なら、妹は二度あの彼に連れ出されたことになる。結局、妹自身はうちには戻ってこられない運命の子だった。

連れてこられた子は、妹の子として戸籍に加えられた。なんと呼ばれていたのかまったくわからなかったので、父が新たな名前をつけた。

騒ぎも収まった頃、思いきって保育園に通わせた。多少は好奇の目でも見られたが、まったく普通の子として成長していった。

なるほど、閉じ込められていたようで、来た当初は本当に赤ちゃんみたいに何一つ言葉を発しなかったのに、普通の生活を取り戻すと爆発的に言葉があふれだした。

「うちに来るまで、誰とどこでどんな暮らしをしていたの」

という意味のことを、もっと小さな子にわかりやすい聞き方で訊ねた。

「天国だよ。広い、きらきら、お花いっぱい、みんな羽で、飛ぶの」

意図的に、こんな幼い子がそんな作り話はできないだろう。

「わたしより、小さい子、たくさん、たくさん。みんな、いなくなる。みんな、動かなくなる。あの子はどこ、わたし、聞いた」

この子の前にも、彼は妹に子どもを産ませていたのか。

「みんなみんな、いつか違う世界に行く。教えてくれたのは、パパとママと……真っ白な、大きな象さん」

真っ白な大きな象さん。それが何を指すのか、たぶんこれからもずっと、わからないままにしておこう。もしかしたら、それは私。

子を恋(こ)ひて閻魔(えんま)王宮に至りし人の語(こと)

（巻第四第四十一話）

仏道に励んだが能力の限界を知って諦(あきら)めて、六十歳で俗人に戻った男がいた。その後、結婚して男の子が生まれたが、その子は七歳で死んだ。我が子に会いたい一心で、男は死後の世界を支配する閻魔王のもとを訪れた。事情を伝えると閻魔王は男の子のいる場所を教え、ついに我が子と会うことができた。しかし死後の世界に移った男児は、父親を見ようともせず、周りの仲間と遊び続けているばかりだった。

彼女はいつ、知ったのか。自分の母は、殺されたのだと。

三十年経つ今も、犯人は捕まっていない。彼女の母の事件は今ネットで検索しても、様々な検証と推理がなされている。

未解決事件に興味がある人、ミステリーや都市伝説好きな人達にとっては、彼女の母の事件はよく知られている。未解決事件で検索すれば、検索ヒット数が必ず十位以内に入るとまではいかないが、だいたい二十位くらいには入ってくる。

犯人像、そして被害者である彼女の母に対する無責任な、もはや誹謗中傷といってもいいような人物評と噂に加え、

「あの子はどうしているんだろう」

というのも、たいてい書きこまれている。あの子とは、もちろん彼女だ。

彼女の母は、我が子の目の前で殺されていた。これも、事件の印象を陰惨なものにした。

晩秋の午後三時頃、二階建てアパートの二階角部屋で、彼女の母は血まみれになって死んでいた。上半身を何か所も刺されており、首の傷が致命傷となっていた。

住まいは2DK。玄関を入ってすぐ右手にトイレと風呂。左手に台所。その間にある短い廊下の向こうに、六畳の和室と洋室が並んでいる。

現場検証により、彼女の母は台所で殺され、玄関まで這っていってドアを開けたところで力尽き、事切れたとわかった。

そのとき幼かった彼女は、台所の子ども用の椅子に座って泣き疲れ、ぐったりしていたという。

遺体を発見したのは、新興宗教の勧誘に来た同世代の主婦だった。

主婦によると、前に来たとき彼女の母はいったんは断ったものの、パンフレットを受け取ってくれ、興味がありそうな雰囲気だったため、また訪れたのだという。

彼女の母は用心深い性格で、玄関の呼び鈴が鳴らされたら、まずは外廊下に面した台所側の窓からのぞいて玄関前の人を確認し、それからドアを開けていたと夫はいった。怪しい、嫌だと感じた見知らぬ人には、居留守を使っていたとも。

となれば、訪ねてきた犯人は招かれざる客ではなかったことになる。

宗教勧誘の主婦は、呼び鈴を鳴らそうとして細くドアが開いているのに気づき、妙な気配を感じてのぞきこみ、彼女の母が血まみれで倒れているのを見てしまった。

主婦はその場で腰を抜かし、叫び声を上げ続けた。それが通報につながった。死亡推定時刻は、正午から一時。死後二、三時間で発見されたことになる。

彼女の母が朝の九時前後に夫を送り出し、十時から正午前にかけて近所のスーパーと書店に立ち寄ったのは、レシートや顔見知りの店員の証言からも明らかだった。

彼女の母はだいたい正午に自宅へ戻り、直後もしくは一時間以内に、訪ねてきた何者かに殺されているのだ。

やっと片言がしゃべれるようになっていた、二歳半だった彼女。母が殺されるところと、犯人を目の当たりにしている唯一の目撃者には、証言能力がなかった。

彼女は事件後、おうちに誰が来たのと必死に聞く大人達に、こういった。

「公園のおばちゃん」

これもまた事件のミステリー度を高め、都市伝説化していく要素となった。

あの頃はまだママ友、公園デビューという言葉はなく、ママ友との葛藤や揉め事も、あまり世間で話題になることもなかった。

当時、彼女の一家が住んでいたアパート周辺に確かに公園はあったが、彼女の母はそんなにしょっちゅう彼女を連れて公園に出かけてはいなかった。

むしろ、あの公園は違法薬物の売人や変質者が出るという噂だし、昼間でもなんとなく陰気な雰囲気が怖いと避けてもいた。それは夫の証言だ。

公園で会う友達がいるのは聞いたことがないとも、夫はいった。

そもそも彼女の母は、友達が少なかった。短大時代の同級生、三年ほど勤めた会社の同僚など合わせ、五人に満たなかった。その五人も、しょっちゅう会ってはいない。

短大進学のために上京してきた彼女の母は、故郷の中学高校の同級生とはみな疎遠で、儀礼的に年賀状のやり取りをする友人が二、三人いただけだ。

当時は携帯電話もパソコンも一般的でなく、彼女の母は結婚してからは専業主婦で、彼女も保育園に預けられていなかったから、本当に彼女の母の交友関係は狭かった。

近所周りや行きつけの商店街、図書館や病院などでの評判は「普通の奥さん」でしかなく、人気者ではないが嫌われ者でも困り者でもなかった。

たいていの人に、大人しい人という第一印象を持たれる彼女の母は、家庭内にも外にも揉め事はなく、確かな殺意を持って惨殺しに来る人など誰も思いつかなかった。

室内は物色された跡もまったくなく、バッグの中の財布も手つかずで、強盗の線も薄かった。さらに、どう調べても当時の彼女の母にはまったく男の影はなかった。勤めをしている頃に彼女の父と出会っているが、その前の交際相手は短大時代に半年ほど付き合った人で、関西の大学を出てその地で就職と結婚をし、彼女の母と自然消滅に近い別れの後は一度も再会していなかった。

そもそも自宅に残された彼女の母のものではない血痕の染色体を調べた結果、女性と判明している。事件直後、手を怪我して血を流しながらアパートの敷地内を出ていく女と、まさに近所の公園の水道で血を洗い流す女も目撃されていた。

どちらも、四十代から五十代、服装は暗い色のトレーナーかシャツにジーンズ、肩までの髪はパーマがとれかかった感じ、目つきがきつかった、という特徴が一致していたから、同一人物と見てよかった。

玄関の血を踏んだ靴跡から、量販されているフラットな合皮の靴と23センチのサイズもわかった。目撃情報の、身長はごく平均的というのと合致する。

第一発見者となった、宗教勧誘の女性にも当然ながら疑いはかけられた。さらに彼女の父は再婚だったので前妻まで調べられたが、どちらもすぐ無関係だとわかった。

犯人も彼女の母を刺す際、抵抗されてかなりの深手を負っていた。彼女の父の前妻も宗教勧誘の主婦も、手にもどこにも怪我はなかった。

洗面所で血を洗い流した跡があり、台所にも玄関にも、そして玄関から近所の公園まで血痕が滴っており、それはAB型だった。彼女の母、そして父の前妻はO型、宗教勧誘の主婦はA型だった。

それにしてもその後、興味本位のワイドショー、週刊誌などで証言していた、自称ママ友や知人。あれらは、誰だったのか。

「あの人は、真面目で正義感が強いところもあったんですが、ちょっと思いこみが激しいっていうのかしら。いったん嫌いだとなったら何をしても許さない、みたいな頑なところがありました。だから友達が少なかったんですよ」

「たとえば誰かの悪口は、自分がこう思った、というふうには話さない。誰それがいってた、私も噂で聞いた、みたいな前置きをして、もし相手の耳に入っても『私がいったんじゃない』と逃げられるようにしてました。頭がいい、慎重な人なんだと思いますけどね」

殺されて当然、ひどく恨む人がたくさんいた、というほどの強さはないが、ちょっと嫌な女、小さなトラブルはいろいろあったかも、嫌う人がいても不思議ではない、という印象を振りまかれてしまった。

もう一つ、この事件に妙な印象を植え付けたものがある。今は販売されていない、中堅飲料メーカーの「チョコレートサイダー」なる紙パック入りの飲み物だ。

それが事件現場となった台所のテーブルに、飲みかけで置いてあったのだ。

当時の彼女の母親は、娘の食べ物や飲み物にはとても気を遣っていて、自分も市販の清涼飲料水や甘いジュースは飲まなかった。

水の他には牛乳、豆乳、麦茶、たまに百パーセント果汁のジュースだけ。これは夫も証言し、スーパーやコンビニのレシートからも明らかだった。

チョコレートサイダーは、彼女の母がよく行くスーパーには売られていなかったし、人気商品でもないのでコンビニでも見かけなかった。

夫は、こんな飲み物が家にあったことは一度もない、と妙に強くいいきった。

「妻は飲みませんよ、こんなもの」

半分ほど減ったそのチョコレートサイダーからは、AB型の血液型の唾液が検出された。つまりそれを飲んだのは犯人で、犯人が持ち込んだのだ。

容器の製造番号から、隣県のかなり離れた地域の工場で作られ、その辺りで売られていたものと判明したが、追えたのはそこまでだった。

テレビでもさかんにチョコレートサイダーの画像や名前が挙げられ、メーカー側としては殺人現場にあった犯人の飲み物として宣伝されたわけで、かなり迷惑だったようだ。

メーカーの思いとは裏腹に、ニュースが盛んに報道されていた時期に、チョコレートサイダーが発売以来、最も売れた。職場や学校の机に置き、ここは殺人現場ですという悪い冗談も流行った。

いじめや嫌がらせ、脅しにも使われて問題化し、もともとあまりおいしくないと不人気だったこともあり、メーカー側は生産を打ち切った。

後から知ったが、チョコレートサイダーは混入させた薬物の味を隠すには最適、という事実ではない噂も流され、それも生産中止になった理由の一つらしかった。

犯人は殺害後に喉(のど)が渇き、自分のバッグにたまたま入れていたチョコレートサイダーを飲んだのか。二人がテーブルでお茶などを飲んでいた形跡もなかったが、とにかくチョコレートサイダーは外から持ち込まれたものだった。

凶器の刃物も見つからなかったが、血痕や足跡、目撃情報もあったので、早くに犯人は捕まると思われた。なのに、あれから三十年だ。

彼女の父は彼女を連れ、実家に戻った。祖父母に面倒を見てもらいながら、父は再婚はせずごく普通に彼女に接し、徐々に日常を取り戻していった。

彼女は小中高、そして女子大と、周りの人にはずっと「母は若くして病死した」で通していた。実際、途中までは父や祖父母にもそのように聞かされ、彼女自身がそう信じていたそうだ。

私が彼女についてこんなに詳しくなったのは、およそ十年前。未解決事件を特集した番組に彼女が出演し、父親とともにインタビューに答えていたのを観てからだ。

「犯人への憎しみは、そんな燃え盛るようなものではありません。それより、母の顔も声もぬくもりも、何も覚えていないのが悲しいです」

すらっとした細身の体に、色白のこぢんまりした顔。髪の長いはかなげで、きれいな女の子。私は背は普通だが太めで浅黒く骨太な上、母の厳命で常に男の子みたいなショートカットだったので、こんな容姿になりたいと心から思った。

被害者の母親も、美人といっていい人だった。

そのとき私は、薄々感じていたあるものの正体の一端を垣間見た。同い年の彼女。本来は、何の接点も縁もないはずの彼女。

私も、母を覚えていない。いや、彼女と違ってこれは真っ赤な嘘だ。私は、母を覚えていないと嘘をつき続けてきた。嫌というほど、母には支配されてきた女だ。

その番組の中では、彼女の母を殺してまだ捕まっていない女の似顔絵、目撃情報が取り上げられ、私は目の前が真っ赤に塗りつぶされた。

四十代から五十代、暗い色のトレーナーかシャツにジーンズ、肩までの髪はパーマがとれかかった感じ、目つきがきつい。足は23センチ。身長は平均的。

こんな女は、ごまんといるはずだ。けれど私にとっては、ただ一人。彼女とその母にとっても、ただ一人。うちの母だ。

何よりあの日、母は手を怪我して帰ってきた。包帯を取り換えても、すぐに血がにじんでいた。なのに、頑として病院に行かなかった。

洗面所で血を洗い、うめきながら救急箱の薬と包帯で手当てしていた母。何日かは、痛くて眠れないと真夜中に叫んでいた。

その頃、父はもういなかった。父の記憶はさらに靄がかかる。ひたすら巨大で暴力的だった。たぶん、それは私が小さく幼かったからだ。

無関係な大人達から見ればごく平均的な体格で、目立たないどこにでもいる風采の上がらない男だったろう。威張れるのは、身内だけ。暴力的になれるのは、自分より弱い女や子どもにだけ。

「あいつは私をモノのように扱った」

というのが父への呪詛、口癖だった母と私は、低所得者や母子家庭を優先的に入れてくれる公団に住み、ひっそりと暮らしていた。

母は普段は地味で目立たない女だったが、何かでスイッチが入ると異様に激昂し攻撃的になった。もちろん、私に対してもだ。父には、無抵抗だったのに。

突然に近所の人や店員、たまたま電車で横に座った人に怒鳴り散らしたかと思えば、何食わぬ顔でいたずら電話をかけたり、密かに生ごみをポストに入れに行ったりする。

いつか些細なことでいい争った近所の人の家の庭に、粉々に砕いた電球を投げ込んでいるのを見たときは、そのうち母は人を殺すんじゃないかと怖くなったのを覚えている。おそらく、その予感は当たったのだ。

母の怒りのスイッチがどこにあるかわからず、私はいつもびくびくしていた。私も突然に殴られ、いきなり家から閉め出されたこともあった。

母は人を殺しても、おかしくない。いや、母はきっと殺す。私は、いつからか確信するようになった。あの事件の前から。

「お母さんが怪我しているの、誰にもいうんじゃないよ」

あの日の妙な猫撫で声は、忘れられない。怒ったときより、怖かった。

母の怖さは、まだまだあった。母を思うと、奇妙で嫌な甘さと苦さが口に広がる。これはなんの味だろう。なつかしい飲み物の味。思い出せない。いや、思い出さないようにしているのだろう。

けれどあの頃の私は、確固たる証拠を揃えてその事件と母を結びつけることはできなかった。小学校でも話題になったと思うが、その中に加わった記憶はない。たぶん私は、やっぱり何か感づいてはいたのだ。

後から私は思い返し、検証している。

あの事件から何か月かして、私は唐突に母と引っ越した。中程度の地方都市で、目立たない安アパートに暮らした。

母の手の傷は残ってはいたが、薄くなっていた。その傷については、母が死ぬまで絶対に聞けないのはわかっていた。

母は、あの町にいた頃はスーパーのレジ打ちや清掃といった地道な仕事をしていたのに、突然に水商売の道に入った。

いきなり派手な化粧と服装になり、本人は若く見られるようになったとはしゃいでいたが、今までが老け過ぎていただけ。つまり、年相応になっただけだ。

そう、母は目撃情報では四十代から五十代と見られていたが、実は被害者と同世代だった。その目撃情報に対し、母はなんと思っただろう。

今になってみれば母のあの頃の老け方には、母も私も助かったといえる。生きていれば犯人は七十代から八十代になるが、母はそれに当てはまらない。

本人としては若返ってきれいになったつもりでいたけれど、ホステスとしてあまり人気がなかったというのは、さほど贅沢もさせてもらえていなかったことでわかる。

それでも、男関係はできていた。その何人かをお父さんと呼びなさいといわれ、何人かに性的な暴行を受け、私はグレるのではなく内にこもっていった。

高校を辞めて引きこもり、ネットのゲームに溺れた。オンライン上では、私は華奢で色白ではかない美少女になれた。

母の金だけでなく母の男の金も盗み、母や男の持ち物を売り、ゲームで課金して怪しげな闇金で借金して、どうしようもなくなった。

母は怒り狂って私を殴ったり蹴ったりしたけれど、決定的に家から叩き出すことはなかった。母は、私があの事件について知っていると気づいていた。

私が下手なことをしゃべらないよう、ずっと家で監視していた。私が誰とも会わないのは、母には好都合だった。

「男のケツばかりペロペロなめやがって」

あるとき、母の男と私ができているのを知った母が私に投げかけた罵倒。あんまりの屈辱と破壊力に、私は本格的に壊れた。

「お母さんだって、男のケツをペロペロしてたから私ができたんじゃないの」

私はこんなふうにいい返しても、あのことだけは絶対に口にしなかった。

人殺しのくせに。

それをいえば、私も母にあの彼女のように刺し殺される。

私はネットが扱えるようになってから、あの事件を調べた。知れば知るほど、確信は深まった。犯人は母だ。母の血液型はABだった。

AB型は、日本人には最も少ない。手の深い怪我と組み合わせれば、さらに絞り込まれるだろう。ちなみに私は、最も日本人に多いA型だ。

そんな母がついに逮捕されたのは、私が二十歳になった頃だ。理由は実に些細なことだったと警察にもいわれたが、母は近所周りで嫌いな相手の家や車に放火していた。

母は他人から見れば実にたわいもないことで逆恨みし、執拗に復讐を企てるのだ。しっかりと自分がその血を受け継いでいたのを知ったとき、母が怖いのではなく少し恋しくなった。

ともあれ気にいらない近所の人のバイクやゴミ箱、洗濯物に火をつけていたときはすぐ気づかれて消し止められていたため、気が大きくなったのか。

ついに、死刑になってもおかしくないことをやらかした。

現住建造物等放火罪。つまり、人が住んでいる家に放火してしまったのだ。死者は出なかったが、出てもおかしくなかった。

これで母は当分帰って来られなくなったが、留置所で首を吊ってしまった。もちろん遺書などもなく、刑務官や国選の弁護士などにも、死をほのめかすようなことは何もいってなかったらしい。

これで永遠に、あの事件の犯人は捕まらなくなった。まずは、そのことに安堵した。母の火葬、遺骨の引き取り、そのすべてを私は放棄した。合葬されている場所も知らない。

一人ぼっちになった私は、ネットが世界の全てとなった。ネットで知り合った男のところに転がり込む、それで生き延びた。

男達は私を見るなりがっかりしたが、同じく女達にがっかりされる男達を渡り歩いた。

猛烈に肥満し、吹き出物だらけになった。そんな私でも、底辺の風俗店はどうにか若さだけで雇ってくれた。出会い系でもこちらが相手を選ばなければ、どうにかなった。

そしていつしか、手首は傷だらけになっていった。これをすれば母の罪が消え、母の過去が上書きされ、あんな憎い母なのに母への供養にもなる気がした。

適当に性の相手をしていれば、置いてもらえて食べさせてもらえる。男のケツをペロペロ舐めていればいいのだと、母の教えが聞こえる。

そうして私はゲーム狂いから、放火魔になっていった。これは本当に家に火をつけるのではない。ネットを炎上させるのだ。

私は、朝から晩までツイッター漬けとなった。スマホを手から離すのは、寝ているときだけ。

テレビで失言した政治家やタレントなどを血まなこで見つけ出し、こんな奴がいる、追いこもうとリツイートしまくる。テレビ局にも出版社にも、電話しまくった。あいつを降板させろ、あの女を謝罪させろ、クソ番組を打ち切れ。

自分でやるだけでなく、誰かれかまわず賛同者を探してきては煽りまくる。フォロワーの多い有名人に片っ端から絡んでいく。スマホに通知がどんどん来るのがもはや生き甲斐というより、生きていることの理由になった。

ゲームと違い、課金もない。政治家や文化人を攻撃しているときは、インテリや正義の味方になれた気がして昂った。

アイコンは、無料のフリー素材の中から選んだ。なんとなく、母が殺したに違いない女の娘に似ている子にした。長い髪を緑に染めた、色白の華奢な東南アジア女性。

ハンドルネームは、チョコレートサイダー。被害者宅にあった、飲み物。これはよくわからないことの一つで、母がこれを買ってきたのや飲んでいるのは見たことがない。

たまたま誰かにもらったか、万引きしたか。母なりの浅知恵で、関係ないものを残すことによって捜査を攪乱しようとしたのかもしれない。

私も正体を突き止められないよう、まったく聴いたことのない洋楽などを適当に好きな曲として紹介したり、わざと地縁のない関西の言葉を駆使したりした。

自身の確固たる思想も信条もないから、反論は論理的にはできない。賛同者を煽って反論をお任せするだけだ。絡んでくる奴には、さぁ、きたきた通報タイムだよ〜、私に反論する差別者を攻撃してよね、私のファンのみなさん。と、煽る煽る、煽るだけ。

ああ、母もいっていた。嫌がらせはただでできる、最高のゲームだと。ただより高いものはなかったのだけれど。それは後に、私自身への教訓ともなる。

ともあれチョコレートサイダーは、異様に粘着質で攻撃的な緑の髪のネット放火魔として、一部では知られるようになった。

リアルで母は、放火魔の殺人鬼。私はネットだけの炎上魔。だから捕まらない。

炎上させているときは、自分がいつか母のように人を殺すんじゃないかという怖さからも逃れられたし、自分がこの上なく清らかで強く美しい、令和のジャンヌ・ダルクであると舞い上がれた。本当は醜い、冴えない、犯罪者で殺人者の子なのに。

似ても似つかない美女アイコンを、私本人と思いこんでいる人達も大勢いる。会いましょうとの誘いが、ひっきりなしだ。チョコレートサイダーとしては、絶対に会わない。会えない。母以上の罵倒が、飛んでくる。

そんな私が今のところ必死になっているのは、あるテレビ番組に出た中年の男性文化人だ。ちゃらちゃらと本業そっちのけでやたらテレビに出てくるこの男は、

「狂言で手首を切る不美人さんみたいなメンタルだねぇ」

などと、「クレームをやたらつける人達」という特集で発言した。手首を切る。不美人。これに私が激烈に反応したのは、もちろん母のことがあったからだ。不美人は私自身。

母の手首の傷は、自殺未遂ではない。もう、母の手首の傷はこの世にない。母自体が存在しておらず、母の犯罪も永遠に露見しないはずだ。

なのに私は、その男性文化人を標的にした。寝食を忘れてリツイートしまくり、かなりの反響があった。あいつをテレビ番組から降板させよう、テレビ局に謝らせよう、それらは拡散していき、賛同する人、反論する人、とにかくスマホの通知が鳴りやまなくなった。

オシャレと思われる音楽を貼りつけて、差別者を叩いた後は素敵な音楽でさぁデトックスよと、悦に入る。しょせん、男のケツペロペロ女のくせに。

男性文化人はけろりとして、テレビに出続けた。もともとその男性文化人はSNSをまったくやっていなかった。だから、反応がわからない。

しばらくして、あの男性文化人が『チョコレートサイダー』なる本を出した。例の事件をもとにした創作ですと謳っているが、私にはわかる。ほぼ事実だ。

男性文化人は、私以上の粘着質で異常者だった。しかも、私と違って金があった。おそらく調査会社などを使ってそ知らぬ顔で私を調べていくうちに異様な母に行きつき、それをもとに書いたのだ。

例の事件がもとになっていると話題になったが、男性文化人はとぼけ続けた。

「着想は得たけれど、大半が創作です」

被害者の遺族からも、特に何かいってくることはないらしい。ツイッターで不買運動をしてやろうか。一瞬思ったが、やめた。私が追いこまれるだけだ。

小説はほぼ、事実そのままが綴られている。薄れた手首の傷が、激しく疼いた。

しばらくして男性文化人は、しれっとして私宛に手紙を送ってきた。住所も本名も知られていることに、全身が冷えて強張った。そうだ、相手は金があるのだ。すぐに調べはつくのだろう。じぶんがリアルでは無力なのを、思い知る。

「お母さんが死んであなたが生きているのですが、僕からはお母さんが生きていて、あなたが死後の世界にいるように見えます。お母さんはあなたを物陰から覗き見ながら、言葉が通じるのに通じないと嘆いている」

死んでもなお、私を縛る母。死んでもまだ、私をこっそりカーテンの陰や窓の向こうから覗きこんでいる母。母親らしい優しい言葉をかけてくれるのでもなく、母親ならではの愛のまなざしを向けてくるのでもない。

「あなたは親を忘れ去り、もっと違う所で現実の友達と遊んだ方がいいですよ」

私の口の中に、チョコレートサイダーがあふれる。そうだ、母があるとき、あの飲み物に変な薬を混ぜて私に飲ませようとしたんだった。変な味だと、飲まなかった。母も何か思い直したように、飲み物を流しに捨てた。無理心中でもする気になっていたのか。

私はチョコレートサイダーそのものを嫌いになっただけで、まさか薬物が入っているとは思わなかった。いや、私はやっぱりあのとき、母の殺意に感づいていたんだ。何を思って母は、娘を殺そうとしたチョコレートサイダーを彼女の母の許(もと)に持っていったか。それだけがわからない。

彼女の母とどこですれ違って何に激昂(げきこう)したかはわからなくても、どうせ些細(ささい)なことだとわかる。私自身が、些細なことで見知らぬ他人を糾弾し、差別するのが生きる意味になっているのだから。

相撲人大井光遠が妹の強力の語

（巻第二十三第二十四話）

昔、甲斐の国に大井光遠という力士がいた。その妹は年のころ二十七、八で顔も姿も素晴らしい美女だった。ある日、逃走中の強盗が彼女の部屋へ駆け込み、刀を突き付けて彼女を人質にとった。従者が慌てて部屋を覗き込むと、姫君は泣いている。しかし次の瞬間、散らばっている二、三十本ある竹を板の間に押し当ててすりつぶしてしまう。彼女の怪力を目にした強盗は驚いて逃げたが、すぐに捕まった。

その妹は兄から見れば、ごく普通の女の子だった。

十歳近く歳が離れていることもあって喧嘩もしたことがなく、もう一人のお父さんのような感じで可愛がっていた。

地元の高校までは特に優等生でも落ちこぼれでもなく、スポーツや芸術分野でも飛び抜けた才能は発揮できないものの、学校生活を楽しんでいた。ひどく不得手なものがあるなんてこともない。女友達も男友達も、そんな妹に似た子ばかりだった。

　このまま妹も、地元の手近なところで就職や結婚や子育てをして、平穏に生きていくんだろうなと、兄だけでなく周りの誰もが思っていた。

　あの恐ろしい妹しか知らない人達が暗い期待と先入観を持って見れば、拍子抜けするような普通の親と普通の環境で生まれ育ったのだ。

　ただ兄に関しては、ちょっとだけ、いや、わりと、

「あーあ、なるほどね。あれの妹か」

　と思われてしまうかもしれないものがあった。兄もそれこそ、大学の途中まではごく普通の男の子だったのだけれど。

　軽い気持ちでバイトとして水商売の道に入ったところ、まさに水が合ってしまったのだ。気がつけば、どっぷりと夜の街の水に浸っていた。

　ホストクラブではないが、美男のスタッフを揃えていることで知られた店で人気を集め、主に年上の女性客達に可愛がられるようになった。

　大学を出てそのまま店に勤め、雇われ店長からオーナーに成り上がり、支店も持った。地方ではあるが、繁華街ではよく知られる存在となった。

「あの女社長に囲われている」

「親分の愛人に惚(ほ)れられて、山に埋められそうになった」

「あの人気歌手とは、半同棲(どうせい)までしていた」

などなど、艶っぽい武勇伝もいろいろあった。半分以上、本当だ。

親はどちらも堅実な会社員で、そのまた親もそのような堅気の人達で、息子の境遇に関しては常に不安と心配がつきまとった。

水商売の世界については何も知らないこともあり、的外れなことはいえない。とりあえずは成功しているので、良しとするしかなかった。

親としては、できれば妹は兄を見習うことなく、普通の会社員の普通の奥さんになってほしかったのだ。別に、大それた高望みなどではないだろう。

ともあれ普通の子だった妹は、いつからそんな夢を持ち始めたのかわからないが、進路をしっかり決めなければならない高校三年生の夏休みに突然、アイドルになりたいなどといい出した。

「とりあえず二十歳までは、夢を追わせてほしい」

親は、怒るより呆気にとられた。あまりにも、想定外だったからだ。

「アイドルには、年齢制限があるから。その期間は、すごく短い。今年十八になる私は、もうぎりぎりなの。ううん、遅すぎるくらいよ」

ふわふわした夢想でない証拠に、高校卒業を待たずに上京を決行した。

「毎日、歳を取っていく。明日より今日の方が、若い。今やりたいことをやらず大人になって、後悔したくない。もしアイドルになれなくても、あのときがんばった、だから悔いはない、っていうふうにしたいの」

親はもちろん、反対したし心配した。兄の就いた水商売よりもさらにわからない、縁のない芸能界。しかし、妹の決意は固かった。保護者のような立場の兄としては、

「こいつ、こんなに頑固で気が強かったかな」

そう、驚きあきれ、感心もした。妹が頑として自分を通す、周りのいうことにまったく耳を貸さない。そんなことは初めてだったのだ。

「とりあえず応援してやってよ。あの子、根は普通の子なんだから。そういう世界に行っても変な悪い方向への染まり方はせず、良くも悪くも普通の子でいるはずだ」

兄は妹の味方となって、親を説得する手伝いもしてやった。

「ありがとう、お兄ちゃんが一番の理解者よ」

妹は、兄に涙ぐんで感謝した。そんな妹は、本当に素直でいじらしかった。

そして妹は、行動力で本気を見せた。都内は無理だったが近郊の町に安アパートを借り、ハンバーガーショップやコンビニなどのバイトを掛け持ちし、真面目に一途(いちず)にレッスンやオーディションを受けた。

初めてライブハウスのステージに立った、ちらっとテレビに出た、といったことを電話などで報告してきて、家族も喜んでいた。

とはいえ、正直、親も兄も妹がメジャーなアイドルになれるとは思っていなかった。

「楽しめてるんなら、それだけでいいね」

「そろそろ、青春の思い出とやらを持って帰ってくるよ」

妹はそれこそ会社の受付嬢やコンビニのバイトであれば、あそこの受付に可愛い娘がいるだの、あの店にアイドル顔の店員がいるだの、いってもらえるだろう。

だが、メジャー誌のグラビアを飾ったり、今をときめくアイドルグループの一員に入ったら、たちまち、なんであんなのが、普通の子じゃないか、とバッシングされるに決まっている。それ以前に、載せてもらえないし入れてもらえないと断言できる。

親も兄も、いろいろなもの、いろいろなことを甘く見ていた。妹がアイドルを夢見るよりも、甘く。

二十歳を過ぎてもこんな感じだろうから、そろそろ切りあげて青春の思い出を故郷に持ち帰り、専門学校でも行って地元で勤めて、真っ当な男と一緒になってくれるだろう。家族はすでに、受け入れ態勢に入っていた。

夢破れたと暗い顔で戻ってきても、温かく迎え入れる手はずだった。

「お前もよくがんばったよ」

「芸能界なんか、がんばりだけでどうにかなるもんじゃないし」

それが二十歳を過ぎる頃、妹は妙な方向転換をした。まずはいつの間にか都内、それも都心の高級マンションに引っ越していた。

昼間のバイトだけで、住める部屋ではない。といって、アイドルとしてタレントとして売れ始めているのでもない。今もって、地上波のテレビ出演は一度もなかった。

妹のSNSを見れば、キャバクラでバイトしていることはまったく隠していない。というより、それが本業になっていた。堂々と、キャバ嬢としての自分を発信している。

兄もキャバ嬢という仕事が悪いとはまったく思わないが、アイドルをあきらめたことは、なんだか寂しいような気持ちになった。

ただ、妹はアイドルを目指していた頃よりも、明らかにきれいになっていた。化粧の濃さや画像の加工を差し引いてもだ。アイドルを目指して芽が出なかった頃よりも、キャバ嬢として成功した今の方が自信を得られたのだ。

しかし親も本当のところを知ってしまい、キャバ嬢が悪いとはいわないが、

「だったら帰ってこい」

といった。もともと、二十歳までアイドル活動をがんばってみて、芽が出なければあきらめて帰るという約束だったのだ。

ところが妹は、キャバ嬢に目標を変えたのではないものの、東京の真ん中にいる、東京で華やかに暮らす、それが目的、理由になってしまったようだった。

アイドルとしては年齢が高めでも、キャバ嬢としてはちょうどいい年頃だし、世間

一般的にはまだまだ若い女だ。

それで可愛いとちやほやされ、お金も儲かる、華やかな暮らしができるとなれば、わざわざ地味な田舎町に戻ってくる意味などない。そもそも妹は、普通に生きることに意味も価値もないと判断し、都会に飛び出したのだ。

「うんと貯金して、自分の店を持ちたい」

などと親にもいい、これまた頑として意志を曲げようとしなかった。親も次第に、がんばれというしかなくなってきた。

反社会的なことをしているのでもないし、高級マンションで生活できているし、もう成人しているのだ。首に縄をつけて引きずって、故郷に戻すこともできない。

親としては、兄の水商売での成功も今となっては拠り所となっていた。

もしかしたら我が子はどちらも、水商売の才覚があるのかもしれない、ならそれはそれでいいじゃないか、と。

同業の先輩として、兄としても助けてやれる。兄も親もそう思うようにした。

兄妹の仲は、良好なままだった。兄は上京して妹の様子を見に行くたび、変わりないなと思えるときと、まったく見知らぬ女のように感じるときとがあった。

特定の彼氏やパパみたいなのは、いないようだった。と、兄は思ったが。

妹はいつの間にか男の子の地下アイドルに夢中になり、かなり入れ揚げていた。

「今度、ファンのバスツアーに参加するの」

久しぶりに二人で食事しても、妹はずっとその地下アイドルの彼の話をしている。

「握手券だけじゃなく、頬っぺにチュー券も買い占めたわ」

自分がアイドルになるのをあきらめたかと思ったら、応援する側に回っていたのだ。何度聞いても忘れてしまう名前のグループで活動しているという彼は、兄と同じくボーイズバーみたいなところでバイトもしていたようだが、今はアイドル活動で立派に生計を立てていた。のではなく、妹に養ってもらっていた。

ファンとツーショットのチェキ撮影。これに妹は毎回何万円もかけ、CDやグッズを買いあさり、彼らの地方ツアーにすべてついて回っていた。

兄から見れば、これまたメジャーにはなれそうにない雰囲気の男性地下アイドルだったが、止める理由もないし、妹がやめるわけないとわかっていた。

「まぁ、いいんじゃないか。兄ちゃんは、応援するお前を応援してやるよ」

ところが妹が推している彼は妹の部屋にも来るようになり、ついには半同棲の交際に発展していたのだ。

地下アイドルの彼も、アイドルとして頭打ちなのは自覚し、だったら太いファンに支援してもらおうという方向性に変えたらしい。

いや、もっと真面目に妹と対等な恋人同士になろうとしているのか。

上京するたび、妹の部屋に彼の服や下着、こまごました身の回りの物が増えていくのを、兄は何ともいえない気持ちで見た。もはや兄というより、父の心境だった。

とはいえ兄も、その彼に会ったことはない。彼もまた、妹の実の兄に会うのは何かしら躊躇いがあるのだ。

兄も今すぐ彼に会わなければならない、といった強い気持ちもなく、行動も起こさなかった。ホストに貢ぐより安く済む、その程度に今は見ているしかないと考えた。

当の兄だって、地元にも東京にも女がいた。東京ではホテルではなく、女の部屋に泊まっている。あまり、妹に説教もできないのはそのためだ。

東京の女は妹が生まれた頃に人気だった女優で、今は都内の一等地でラウンジを経営している。女優を引退したわけではないが、開店休業状態だ。地方に、パパと呼ぶ老人のスポンサーがいた。老人はもちろん、家庭がある。

彼女は兄より一回り以上も年上だが、パッと見は同世代に見える若さを保っていた。兄の立場は、愛人の愛人だ。

兄はなんとなく、全盛期の女優の記憶がある。後から必死に昔の映画やドラマを探して、観ておいた。妹はまったく女優を知らず、興味も持たない。

考えてみれば女優の彼女は、芸能人として人気を獲得した時代があった。

「今の普通の人生がいいわ。普通が一番ね」

あまり普通の境遇とは見られないだろうが、本人はそんなふうに笑うのだ。

そんな彼女の店にボーイとして勤めている男の一人が、兄の弟分になっていた。彼は同性愛者で、女にまったく興味がない。だから彼女の店でもホステス達と妙なトラブルを起こさず、彼女も気楽にいろいろ助けてもらっていた。

兄は妹にも、弟分である彼を紹介しておいた。

「何かあったら、彼を頼れ」

ちなみに弟分の好みは色白で華奢(きゃしゃ)で陰のある美少年タイプで、筋肉質に人工日焼けの兄は、まったくお呼びでないそうだ。そんな彼が、

「兄貴の妹さんが入れ揚げてる地下アイドル、いいっすね。俺はあんなのがタイプです。取り合いになったらヤバいな」

などと冗談半分にいっていた。妹のお供で、彼のライブにも行ったらしい。

「自分の唇と相手の唇の間に指一本だけ挟んで、キスのサービスがあるんです。思わず俺も、そのサービス券買っちゃいましたよ」

何はともあれ、妹は東京で青春を楽しんでいるからいいじゃないか、と兄は楽観を続けることにした。いずれ、女優の彼女の店か自分の店で妹と地下アイドル、そろって雇ってもいいか、などとのんきに構えてもいた。

事件は、ある暑い日の白昼に起きた。白昼夢ではなく、現実だった。

「兄貴、ちょっと、俺、テンパってる」

弟分からそんな異様な雰囲気の電話があったとき、兄は東京にいなかった。地元の自分の店で、鼻歌を歌いながら開店準備をしていた。

「めっちゃくちゃヤバいです、俺じゃなく、妹さんが」

「おい、とりあえず落ち着け」

そのときは多少の緊張はしたものの、そこまでは予想していなかった。夜の店をやっていれば、何かしら面倒事、揉め事はある。

「あの、妹さん、殺しちゃってるかもしれない」

「えっ、誰が、誰を、なにしてるって」

初めてここで、ただ事でないのを感じ取った。

「あの、マジに殺しちゃってる。あのあのあの、あの彼だ」

スタッフがいたので、電話を持ったまま店の外に飛び出る。弟分によると今、まさに妹の部屋にいるそうだ。そして床には、妹が殺した男が倒れている、という。

「妹さんにすぐ来てといわれて、来てみたら。男が裸で倒れてて。最初、誰だかわかんなかったくらいですよ。例のアイドルですっ」

「本当に死んでるのかっ」

「だって、顔ボコボコですよ。元の顔がわからなくなってる。ものすごい力で殴られてて、体もあざだらけの傷だらけ。手足が、変な方向に曲がってる。首が、あり得ない位置にずれちゃってる」

そこで、弟分の隣にいたらしい妹が電話をもぎ取った。

「お兄ちゃん、ごめんね」

涙が出た。恐ろしい現実が押し寄せてくる中、妹の声は確かに可愛い頃の妹だった。

「あたしこいつのこと、愛して愛して愛して愛が行き過ぎたの」

妹のこの言葉は、その後しばらくちょっとした流行語になってしまうのだった。同じことを警察でもいってしまい、それがニュースになったのだ。

なんでも愛しあっている最中に、彼のスマホに別の女から着信があり、彼が出てしまったのだという。傍らの弟分が、叫んでいる。

「気がついたら、彼を力任せにぶん殴ってたそうです。その一部始終を、電話の向こうの女も聞いてたって」

電話を取り返した弟分の声が、裏返った。

「妹さん、笑ってます、あの、ヤバいです、妹さん」

妹が彼を一方的に殴る蹴る(け)し、内臓破裂に全身骨折。首の骨が折れ、変な方向に関節が曲がってしまい、まるで高層階から落ちた遺体のようだ、と弟分は興奮し慌てふためきながらも、そこのところは妙に微細に描写するのだ。

「どうしよう。妹さん、ふてぶてしく煙草を吸ってます」

弟分は最初その凄惨（せいさん）な現場を目の当たりにし、一瞬本気で一緒に死体の始末をしなきゃ、と考えたという。

妹が弟分を呼んだのはしかし、死体の始末のためではなかった。

「自分から警察に行くの、かったるい。だから、通報してって頼まれました」

妹はふてぶてしく、なのか、茫然（ぼうぜん）自失なのか、返り血を浴びたまま、彼氏の遺体の傍らに座りこみ、弟分と交互に兄に電話をした。

その姿を、弟分はスマホで撮影していた。全裸のイケメン地下アイドル。返り血を浴びているのは、同じく元アイドルの卵。微笑みながら、死体を愛（いと）おしそうに見下ろして、煙草を吸っている。妹は、兄の前では決して煙草は吸わなかった。

裸の上に彼氏のシャツだけはおった妹は、まるでホラー映画かミステリードラマの一場面のようだった、と世間で騒がれた。

そう。これがネットに出回り、妹は一躍ときの人となってしまうのだった。後から弟分がした言い訳は、こうだ。

「自分が犯人と思われる。それを恐れたんです」

弟分は、その画像を自分の恋人の男にだけ送ったつもりだったのに、その男がSNSで拡散してしまったという。

それでも弟分は兄に電話した後、さすがに警察に通報した。案の定、弟分が犯人だとまずは疑われ、いや、決めつけられた。

妹は、小柄で細身の女の子だ。格闘技やスポーツの経験はなく、特に力が強い、喧嘩慣れしているなんてこともなかった。

だが、信じられないことに彼氏をプロのヘビー級ボクサー並みの力で殴り続け、内臓破裂と全身骨折で死に至らしめていたのは、小柄な妹なのだった。

彼氏はまったく、その年頃の日本男子の平均的体格だった。こちらも格闘技をやっているわけでも喧嘩慣れしているわけでも、スポーツに秀でているわけでもなかった。とはいえ、体格も体力もはるかに劣る小柄な女の子にまったく抵抗もできないなんてことはあるだろうか、と当初はいわれた。

別の男がいて、そいつの仕業に違いないと思われたのは当然だったが、どうしてもその男が探しだせなかった。というより、いなかった。

真っ先に三角関係の一人、加害者として疑われた弟分の否認は、認められた。被害者は凶器ではなく素手で殴り殺されていたが、弟分の手足にはいっさいその痕跡がない。これほどの力で殴れば、殴った方も怪我をする。

妹の手足には、その痕跡があった。自身の手の骨にも、ひびが入っていた。追い詰められたとき、無我夢中のとき、普段は出せない思いがけない火事場の馬鹿力が発揮される、とは昔からいわれている。妹のは、それだったのか。

しかし憎しみゆえではなく、愛して愛して愛が行き過ぎた、のだ。

弟分の通報で駆けつけた警官の立ち会いのもとで、簡単な事情聴取がなされた後、妹はテレビカメラの並ぶ前を連行されていった。

そのときも、護送車に乗せられているときも、すっぴんの妹は笑顔だった。途方に暮れながら、兄はテレビで見た。

「アイドル気取りかよ、こんなときに」

ニュースでは、妹はアイドルではなく飲食店勤務、彼は地下アイドルと報じられた。彼の方が、芸能人としては上だったことになる。

それらの妹の姿は、瞬く間にネットで拡散された。あっという間に身元も割れて、家族も実家も特定された。

兄が地元の夜の街では、ワルでスケコマシといったうわさが飛び交ったが、これに関しては正面から反論しにくかった。

恋人である東京の女優の存在は、噂にはなったがさほど話題にはならなかった。兄はこれを恐れていたので、やや安堵した。

彼女がもはや過去の人だったこともあるが、とにもかくにもアイドルを目指していた可愛い女の子が、男を殴り殺した。その傍らで電話しながら、血まみれで笑っていた、その絵面が強すぎたのだ。

兄のところにも、マスコミ関係者は押し寄せてきた。

親のところに行かれるよりマシ、もう親のところには行かないようお願いしますということで、兄はほとんどのマイクに向けて真摯に答えた。

「被害者の方に申し訳ない。妹に罪は償わせます」

当然のことを一通り述べた後は、妹はずっと前から怪力の持ち主だったか、過去にもそういうことはあったのか、について答えなければならない。

「普通の子でした。凶暴性もなかった。喧嘩などしたことがない」

兄や親にとっては、本当に普通の子でしかないのだ。

「お父さんお母さん、いいね。俺が全部、引き受けるから。防波堤になるから。知らない番号の電話には、いっさい出ないように」

親はもう、腑抜けたようになっていた。

「私ら、親としてあの子には普通であってほしいと望んでいただけなのに。なんでこんなことになるんだ」

女優の彼女とは、ほとぼりが冷めるまで会わないようにした。

兄は地元で店を何事もなかったかのように続けながら、妹はいつから普通でなくなったかを考えた。まったく、わからない。妹なのに。

そんな妹のアイドル時代の動画や画像もたちまち発掘され、妹は皮肉なことにある種の人気アイドルになってしまった。

妹は、怪力美女なる呼び名が定着してしまっていた。

可憐な少女みたいな子が、あんな非力そうな子が、男を素手で殴り殺す。不謹慎だが、妹を題材にしたイラストや漫画、同人雑誌、はてはファンクラブといっていいものも結成され、海外にも知れ渡った。

妹が留置所に入れられてから何日かして、兄はやっと弟分を捕まえた。弟分は事件以来、兄から逃げ回っていた。

事件には直接関わっていないのは明白だったものの、弟分が撮った例の画像がものすごい勢いで海外にまで流出し、兄に責められるのを恐れていたのだ。

「警察にもいったけど、信じてもらえなかったことがあります」

覚悟を決めたように、弟分は青白い無表情な顔でいった。弟分によると、実はときどき妹宅に泊まっていたという。

「俺、ご存じのように筋金入りの男好きですから。兄貴の妹さんに、そういう気持ちはこれっぽっちも持ってませんでしたよ」

「それは、わかってる」

「俺が目当てにしてたのは、ずばり妹さんの彼氏です」

妹は彼氏と性行為をしているのを、誰かに見てほしがったという。そんな性癖、いつの間に。兄はもう、何を聞かされても驚かない覚悟はできていたのに。やっぱり、動揺して煙草を取り落としてしまった。

そういえば妹は、いつから煙草を吸うようになっていたんだろう。なんとなく、残り香から吸っているのかなと感じたことはあった。知らない妹が、続々と出現する。

「隣の部屋からいつも、こっそり見てました。もちろん、彼氏は知らない」

弟分は当然ながら、妹の裸や痴態はどうでもよくて、彼氏の体や反応などを見て興奮していたという。

「実は、妹さんがすごい怪力だなとびっくりすることは、かなり前からありました」

妹は彼氏の体を片手で持ちあげて位置を変えたり、ベッドに立って彼氏を逆さまにして足首を持って振り回したり、まるで彼氏を紙の人形みたいに扱っていたという。

「でも、彼氏以外には非力っていうか、普通の女の子以下なんですよ。スーパーの買い物かご、機内持ち込みサイズのスーツケース、そういうのも中身がいっぱいだと重い重い持ちあげられないって、俺に頼むし」

妹は、彼氏に対してだけ怪力になったらしい。

「怖くて異常すぎて、前々から怪力だったたって話はできなかったんです。俺の覗(のぞ)き趣味も、今の俺の彼氏にバレちゃうし」

親は、妹の面会に行った。妹は全面的に罪を認め、まったく法廷で争う気も処遇への不満もないそうで、気持ちも落ち着いて大人しくしているという。

愛が行き過ぎて苦しかった妹は、彼がもう永遠に自分のものになった、怪力を使わなくてよくなった、そう考えることで、安寧を得られたのだ。

もう、妹は誰にも怪力を発揮することはないだろう。たぶん。

源頼信朝臣の男頼義、馬盗人を射殺せる語

（巻第二十五第十二話）

東国産の名馬がいると聞き源頼信という武将がその馬を取り寄せた。話を聞いた息子の頼義が馬欲しさに父を訪ねると、夜に泥棒に馬を盗まれてしまう。父子は示し合わせたように跡を追い、息子の頼義が見事盗人を射殺した。翌朝、実際の馬が素晴らしかったので、頼義が譲り受けると、立派な鞍がつけられている。馬盗人を射ぬいた褒美ということだったのだろう。武士の心構えとはこういうものだ、と伝えられている。

そもそもはこの姉妹の確執というものが、事件そのものよりも謎なのだった。

――どこの温かそうな家にも、どんな幸せそうな家庭にも、どれほど仲の良さそうな家族にも、何かしら秘密や揉め事はあるものだ。

外国にも、ばれると困る秘密、誰にもいえない隠し事などを指す、「クローゼットの中の骸骨」、といった言い回しがある。

何の変哲もない我が家のタンスや食器棚に、怖いものが入っている、というのだ。

姉妹の育った家は、幸せな一家に見えたはずだ。普通、平凡、平均といったものがすべて幸福、美点、理想として数えられる家だった。

地元の堅実な企業で管理職を務め、真面目で穏やかで公私ともに人望の厚い父。近所周りでは、良妻賢母の代名詞のようになっていた母。

姉は、やや変わった子として見られることがあった。勉強は平均をやや上回るくらいで、見た目はごく普通。目立つ美人ではないにしても、からかわれたりいじめられたりするような容姿ではない。なのに姉は、

「私はバカじゃないけど、有名大学に入れる学力はない。醜くもないけど、容姿を売り物にできる、金持ち男に選ばれるってこともない。だったら手に職をつけるか、確かな資格や免許を取って、一人でも堅実に生きていけるようにしなきゃ」

などと子どもの頃から冷徹にでも卑屈にでもなく、といって冗談めかすこともなく、きっぱりと淡々と自己分析と将来の展望を口にしていた。

身の回りにまったくかまわないわけではないが、あまり化粧や服には興味がない。男の子にも関心がなく、好きなアイドルもいない。

対する妹は勉強はごく平均的、つまり姉よりできないくらいだったし、やはり平凡な容姿だった。ただ妹は、

「大学は行きたくないけど、すぐ働くのもしんどいなぁ。漫画が好きだから、将来は

漫画家になりたい。でもアイドル歌手にもなってみたいし、可愛いお嫁さんにもなりたいの。いつも好きな男の子いるけど、なかなか両想いにはなれないのが悩み」

といった、普通の子の範囲内でのふわふわした夢見がちな子だった。着飾ることや男の子に早くから興味があり、常に彼氏がいた。アイドルにも熱を上げ、いつでも実年齢より考えも見た目も幼かった。

二つ違いの姉妹は、しっかり者の姉と浮ついた妹、あるいは可愛げのない姉と愛嬌のある妹と見られていた。

姉妹の仲は、よくも悪くもなかった。喧嘩もしないが会話もなく、二人で遊びに行くこともないが、互いに避け合っているのでもない。

一緒にご飯を食べ、一家で出かけ、親子、姉妹、夫婦、どの関係性も平穏だ。

「お姉ちゃんはしっかりしてるから、親も安心だよ」

「妹はみんなに好かれる性格だから、うらやましいわ」

姉妹は、互いをこんなふうにいっていた。姉が嫌いだ、妹が憎い、そんなふうにいい合っているのを聞いた人は、身内にも他人にもいない。

やがて姉は子どもの頃からいっていたように、専門学校に進んで医療事務を学び、近所の大病院に就職した。

自宅からは自転車で通い、元の同級生や職場の人に誘われれば飲み会などにも顔を

出したが、浮いた噂の一つもないままに、

「真面目で仕事もできて、いい人なんだけどねぇ。もうちょっとしゃれっ気と愛嬌があれば、良いお相手を紹介できるんだけど」

というようなことを周りからいわれていた。姉の仕事にしゃれっ気も愛嬌も要らないが、あればもっと職場や私生活が華やぐのにね、と周りは見ていたのだ。

そんな意見が耳に入っているのかいないのか、姉は子どもの頃から使っている部屋で一人、好きな映画などを観ているのが最も居心地がいいらしかった。女友達もおらず、欲しいとも思ってないようで、何の変化もない日々を本人が望んでいた。

結婚願望などまったくないし、成人してからもとにかく男に縁がない。それは本人にとって、劣等感にも焦りにも悩みにも、何にもなっていなかった。

親としては、堅実に勤めているし、何の問題も起こさないわけだから、無理に見合いなどさせる気もなかった。

「本人にその気がないんだから」

と、親戚や近所周りから長女はまだ独身かと聞かれるたび、苦笑してそう答えていた。

妹もまた、妹らしいその後をたどった。特に目指すものもないが、なんとなく地元の短大に進み、近所のデパートに就職して半年も経たないうちに、高校時代からつき合っていた彼氏の子を身ごもっているのがわかった。

「若い可愛いママになりたかったから、夢がかなってうれしいわ」

お腹が目立たないうちにと少々急いで結婚し、夫となった人と隣町のアパートに移り住み、翌年の春に女の子を産んだ。

産み月に入る何か月か前から、実家に戻ってきた。里帰りしての出産と、しばらく実母や家族に育児を手伝ってもらうのはごく普通のことだが、妹はそれが長引いた。

妊娠の後期に入っても逆子が治らず、計画的な帝王切開となったのだ。帝王切開は入院も普通分娩(ぶんべん)の倍かかるし、産後も傷が痛んだりいろいろと大変だ。

さらに妹は、まったく本人の責任でもないし母子の命を守るための手術は当然のことなのに、自然分娩ではなかったことをかなり気に病んでしまった。情緒不安定になり、ふとしたことで涙が止まらなくなったり、激昂(げきこう)したりする。

だから娘が生後半年を超えても夫との家には戻らず、実家に居続けたのだ。

「仲良しのお姉さんもいるし、妻も実家の方がいいんでしょう」

などと、妹の夫はいった。これを少々、親は微妙な気分で聞いていた。妹は夫には、姉と仲良しといっていたのか。仲は悪くないが、よくもなかった。

姉は妹の結婚にも妊娠、出産にもまるで関心を示さず、ああ、そうなの、といった態度だった。食事をともにしても、会話はほぼないままだった。

とはいえ姉は育児の手伝いを積極的にしないだけで、気が向けば姪っ子を抱っこしたりあやしたりはしていた。姉の姪っ子への関わり方は、妹にも苦笑されていた。

「お姉ちゃんって、孫に接するおじいちゃんみたいだよね。世話はしないの。互いに機嫌がいいときだけ、適当に可愛いがる」

ともあれ、妹の子はすくすくと順調に育っていった。この子の未来には、幸福と幸運しかないと思わせた。

産後の肥立ちの悪い妹が、療養も兼ねて親に子育てを任せている。というのは、幸福な家庭の傷にはならない。

若い妹は回復の希望も兆しもあり、可愛い孫の面倒を見ている祖父母はいつでも目を細め、妹の夫側も感謝の意を表していた。

クローゼット、食器棚、押し入れ、どこにも恐ろしい骸骨など隠されてはいない。

そのはずだった。梅雨寒の、あの日までは。

妹の姿が見えないことに、しばらく誰も不審に思わずにいた。

妹はよく夜泣きをする娘に起こされるので、日中は服を着たままリビングのソファなどでうたた寝をしていることが多かった。

姉によると、その日も妹は服を着たままリビングのソファで寝ていたが、ふっと起きて誰かに電話をかけ、そのまま着替えることもせず、財布と携帯の入ったいつも持ち歩いているバッグだけ持って出ていったという。

「高校のときの友達に会ってくるって、私にはいったわ」

姉は、妹がいないといい出した親に淡々といった。姉が名前を挙げたその友達は、卒業後も妹と仲良しでよく家にも来ていた子だった。

「ああそう、晩ご飯までには帰ってくるかな」

と、親もそのときはあまり気にもしなかった。本当に、ふらっと近所に出ていったような感じだったと姉がいったからだ。

「なんか、友達が娘に可愛い服を買ってくれてるから、もらいに行くって」

ところがその日、完全に日が暮れて外が真っ暗になっても妹は戻って来なかった。当時はまだ、携帯はショートメールが打てるだけだった。妹は電話に出ず、姉がメールを送っても返信は来ない。

「子どもを放(ほ)ったらかして」

親も次第に心配より怒りが込み上げてきたようで、その友達に電話してみた。するとその友達は、そもそも妹と会う約束なんかしていないという。

「もしかしたら、女友達と会うふりして男友達と会っているのかも」

電話を切った後で青ざめた親に、傍らで聞いていた姉がそんなことをいい出し、親はその可能性も捨てきれないので、一晩だけ待ってみることにした。

「子どもを放ったらかして、なにやってんだあいつは」

親はこの時点では、まだ妹が何らかの事件に巻きこまれているとは心配していなかった。

すぐ警察に届けて、もしも本当に男友達と会っていたとしたら、夫との間に要らぬ揉め事を招くかもしれない、半ば本気でそれを恐れてもいたのだ。

もしも姉がいなくなったら、親は同じことは考えなかっただろう。姉なら、即座に事件に巻きこまれたに違いないと警察に駆け込んだはずだ。

翌日になっても、雨がやんで外が明るくなっても、妹は戻らなかった。電話にも出ない。親はついに最寄りの警察署に出向き、捜索願を出した。

そして親が帰ってくると、姉がまたとんでもないことをいい出した。

「机の引き出しに、妹の書き置きみたいな手紙が入ってた」

しかし姉は親にその手紙を見せず、まるで何もない空間にそれが浮かんでいるかのような目つきで、妹が書いていたという文を諳んじた。

「私の大事な人が遠方から訪ねてくるのですが、彼を狙っている悪い奴がいます。彼は途中でその悪い奴に、連れ去られてしまうかもしれません」

なんだそりゃ、親はあっけにとられたが、姉は真顔で淡々と続けた。

「私はその悪い奴と、話をつけに行きます。場合によっては命懸けの戦いになるかもしれません。でも、必ず彼を連れて戻ります」

混乱しながらも、得体の知れない怖さに慄きながらも、親は姉にいった。

「その、妹が置いてったという手紙はどこ。見せて」

ところが姉は、さらに不可解な答えを返した。

「気持ち悪いし不吉な感じがしたから、燃やして灰にして捨てた」

そんな重要なものを捨てた、というのは普通は考えられない。しかし親は妹の心配が先に立ち、姉の不可解な振る舞いを追及できなかったのだった。

はっきり事件と決まったわけでもない。妹もちゃんとした成人だ。もしかしたら本当にこっそり交際している男がいて、そちらに行ってしまったのかもしれない。

それらのことから、警察も事件として本格的な捜索などはしてくれなかった。自発的な家出人、自分の意志でいなくなったとされた。妹の夫、その親などには、

「まったく見当がつかない。出ていく理由もまったく心当たりがない」

というふうに伝えるしかなかった。妹の夫は心配より、怒りの方が強いようだった。すでに、子どもを置いて男と逃げた、というように思っているらしかった。

「もしかしたら、戻ってきてもこちらは受け入れないかもしれません」

などといってきた。娘に関しては、引き続きそちらで育ててくれともいうのだ。

「慣れ親しんだ家の方が、幼い娘も安心だろうから」

親は家のクローゼットの中に、骸骨がないか探すことにした。

姉のいう書き置きは存在すら怪しいが、別の書き置きがあるかもしれない、あるいは古いノートの中に、今回の失踪の鍵となるものがあるかもしれないと親は必死に妹の持ち物、ノート類、引き出しの中を探した。

子どもの頃の作文や成績表、スケッチブックなどをしまっていた箱の中から、もはや今となっては奇妙なといってもいいお絵かきノートが出てきた。

意外なことに、常につかず離れずだった姉妹が一緒に物語を書いていたのだ。

物語そのものは、他愛ないよくある童話、昔話、おとぎ話を混ぜたような感じで、女の子らしく着飾らせた自分とお城、花園が描き込まれ、白馬にまたがった王子様が姉妹を迎えに来る、とある。

「どちらかをえらべなかった王子さまは、あね姫も、いもうと姫も、どちらもおよめさんにほしいと、ふたりを馬にのせました」

「あね姫といもうと姫は、おしろでしあわせに王子さまとくらしました。いつもふたりの姫は、馬にならんでのりました」

馬を描くのは難しかったようで、大きな犬にしか見えない動物が描かれている。王子様も大きな瞳に星のきらきら光る造形で、男らしさはない。

ただ、姉の手によるあね姫もいもうと姫も丸顔なのに、王子は長方形の顔に描かれていた。それで男女を区別、描き分けていたつもりなのだろう。

妹が描いた登場人物は、そんな描き分けの工夫もないが、自分の分身であるいもうと姫だけは特別に可愛く描こうとはしていた。

絵心の差というより、単に年齢差で姉の描く絵の方がうまい。ドレスのリボン、靴などの描写には年齢差が見てとれる。妹は正面からの顔と棒立ちの恰好(かっこう)しか描けていないが、姉は横向きやダンスの所作など、動きも構図も工夫の跡が見られる。

何にしても姉妹が仲よく、こんな合作、共作を残していた。それは親を涙ぐませた。

「こんなものがあったよ」

姉のいる夕飯の食卓に、そのノートを広げた。姉は無反応、無表情だった。子どもの頃から姉は感情を顔に出さない、というより、感情の起伏が乏しかった。

それは、姉を冷静にも冷酷にも見せた。対照的に、思ったことがすぐ顔や口に出る妹は、純粋にも幼稚にも見えた。

「これ、本当に私達が書いたものかな」

姉は冷静さを装うような冷酷さで、そのノートを手にもとらずにつぶやく。

「なにいってんの。あんた達以外の誰が書くの」

そういい返しながら親は、ここに妹がいれば純粋なふりをした幼稚さで、私は王子様と結婚できたけどお姉ちゃんは、などといって笑う姿を想像している。

それにしても幼い頃とはいえ、姉妹の筆跡や絵の描き方などは今につながるものがあった。姉は読む人にわかりやすい字体を心掛け、妹は私って可愛い女の子よ、という自意識のにじむ丸っこい文字だ。

姉は人物や建物、服に食器に家具など、すべて全体的にバランスを取ってまとめようとしている。自分らしきお姫様と、舞踏会の背景に出てくる群衆が同じ熱量で描かれている。だから、魅力はないが破綻もない絵になっている。

妹は目の中にちりばめた星、靴のバラの模様など、自分が興味のあるところだけこまかく描き込み、関心がない部分は実に雑な処理、あるいは省略だ。一本の棒でしかない腕に、ごてごてと飾って盛ったブレスレットや指輪がついている。

「性格が現れているねぇ……」

親はそろって、そんなため息をついた。もちろん王子様というのは幼い女の子達による架空の存在で、現実の姉妹に関わっている何者かだとは想像だにしなかった。

ところがそのノートもまた、いつの間にかなくなってしまうのだ。あのノートはお前が持っているのかと聞いた親に、姉はいつもの調子で知らない、と答えた。これ以上、間違いなく、姉が処分したのだ。しかし親は、これも追及できなかった。

クローゼットの中の骸骨を増やしたくなかった。

とりあえず妹の娘は、そのまま妹の実家で育てられた。娘はいなくなった母やたまにしか来ない父よりも、母方の祖父母になついていたのは確かだ。

母の姉は、となると微妙だった。なついてもいないが、嫌ったり怖がったりもしていない。ただ、家の中にいる人なのだった。

本来は伯母さんと呼ぶべきだが、妙に姉は嫌がった。自分はまだ独身なのだから、伯母さんではなくお姉さんと呼んでほしい、と。

姪になる幼い娘はそれをどうこういうわけもなく、素直にお姉さんと呼んだ。

妹の書き置きらしき手紙の件は、一応は警察にも伝えた。しかし警察の方も、その現物がないこと、見た姉の諳んじた内容の曖昧さ奇妙さに、保留にしていた。混乱し動揺する姉の妄想なのではないかと見るむきもあり、何かしら姉は妹の失踪に関わっていて、何かを隠そう、攪乱しようとしているのではという推理、意見も出たが、まだ事件にはなっていないので姉を追及することもできない。いらいらし、じりじりしながらも、時間だけは流れていく。そして、娘は育っていく。

親も孫娘を育てることに必死になり、孫娘の可愛らしさに癒され、娘がいなくなった不安と心配と怒りを何とかまぎらわせていた。

「こんなに心配させて。どこでのんきにしているんだか」

自分の意志で出ていったとしておいた方が、皆は心が落ち着いた。さらわれて殺されているとなれば、可愛い孫娘の今と未来にも暗雲が立ち込める。

姉は妹がいた頃と何も変わりない態度で、淡々と職場と家を往復していた。男の影は、ないままだった。

親としても、妹がいなくなってしまってからは、ますます姉に無理に嫁に行ってくれとはいいにくくなっていた。

ところが妹がいなくなって半年が過ぎた頃、またしても姉は奇妙なことをいい出した。

「妹が昔、ちょっと付き合っていた人がいて。その元彼が、職場に電話してきたの。私は取るものもとりあえずって感じで、飛びだしていったわ」

確かにかなり雨が降った日の夜、姉はびしょ濡れで戻ってきた。

「どうしても、大事なものを渡したいからって」

姉によると、妹の元彼は病院の前まで車でやってきて、妹に会わせるからと雨の中、姉を乗せて走りだしたという。その際、車の中で缶ジュースを渡された。

それを飲むと急激に眠くなり、気がつくと見知らぬどこかの山の中に横たわっていた。すでに日は暮れていたが、近くに誰かがいるのはわかった。

お姉ちゃん、と妹の呼ぶ声がした。姉も、妹がいる方角に声をかけた。二人の間くらいに、たぶん元彼と思しき男がいた。

「お姉ちゃん、足元に棒きれがあるでしょ。それで戦うの」

そこからは妹に指示され、無我夢中だったと姉はいう。いわれた通り、足元の棒きれを拾った途端に元彼らしき男に襲いかかられ、必死に棒きれを振り回すと当たった感触があった。血が飛び散り、それは雨に流された。

向こうから妹が元彼に石を投げつけ、姉妹二人で元彼をやっつけた。

元彼が倒れ込んだところで、姉妹は揃って逃げ出した。妹がまるで馬に飛び乗るようにして元彼の車を運転し、家まで着いた。と、姉は語った。

「あんたは今まで、どこに行ってたの」

とも聞かず、二人は車中でずっと無言だったという。

そして姉が降りると妹はまた、車でどこかに走り去ったという。

「なんでそのまま行かせたの」

といいかけたけれど、親はもはや黙り込むしかなかった。あきらかに、すべてがおかしい。姉の話はすべて作り話だ。そして、それを責められない何かがある。

「この物語も、あのなくなったお絵かきノートに描いてあったわ」

いや、そんなものはなかった。親は言葉を呑みこんだ。こんな話は、警察にできるものではない。姉が精神を病んでいる、としか思われない。

それだけではなく、姉が妹の失踪に大いに関わっているのではないかと疑われる。

実は親も、薄々感じ始めていた。

家のクローゼットの中には、もしかしたらさらなる骸骨（がいこつ）が入っているかもしれなかった。

この一家には、もう一つの隠し事があった。父の兄弟姉妹はみなそろって真面目でちゃんとしていると思われているが、末の弟がちょっと困り者だった。知っている人は、知っている。クローゼットに入りきらない、公然の秘密だった。

本格的な反社会的組織には所属していないが、その周辺をうろうろし、準構成員とみなされたこともある。刑務所までは入ってないが、留置所と拘置所に入れられたことは何度かある。ちゃちな刺青（いれずみ）も入っていて、違法薬物もたしなんでいたようだ。二十歳前後の頃はまだ、この家に出入りしていた。お調子者で面白かった彼は、姉妹には素敵な王子様だったのだ。

ある時期に、これはけっこうな不祥事を起こして行方不明になってから、姉妹の家では彼の話は完全に封印され、禁忌となった。

末弟は面長で浅黒く、走るのが早くて馬とからかわれたこともあった。本人が午年（うまどし）なのもあり、馬のついたシャツやキーホルダーなど好んで持っていた。馬の兄ちゃん、などと姉妹が呼んでいたこともある。

一瞬、父は妹の失踪時に末の弟を思い出したようだが、それはいくらなんでもないだろう、それとこれとは無関係だろう、と打ち消した。

ちなみに妹の元彼とはどこの誰だと聞いても、姉は名前すら知らないという。親はあきらめた。妹の所在ではなく、姉から妹の話を聞くのをだ。

そうして月日はさらに流れ、妹は見つからないまま娘は幼稚園に入る歳になった。娘は、母親である妹にどんどん似てくる。容姿だけでなく、性格もだ。

妹の夫は、そろそろ配偶者が行方不明のままで離婚届を出したいようだった。

その頃、どこで誰に聞いたのか、テレビ局のスタッフが訪ねてきた。行方不明者を捜索する番組を作るので、出演していただけないかと。

「テレビの拡散力は大きいですから、妹さんが見つかるかもしれませんよ」

親は、藁にも縋る気持ちだった。姉は嫌がるかと思いきや、これも淡々と出ることを承諾してくれた。

インタビュアーはなるべくスリリングかつミステリアスな要素が欲しいわけで、その話術に巧みに誘導され、親は机の引き出しの置手紙の話をしてしまった。二人で合作していた、お絵かきノートの話もだ。

どちらもなくなった、というのは放映後も様々な臆測を呼んだ。

「なんか、あの姉って怪しい」

「姉が犯人なんじゃないの」

さすがに親も、山の中で妹とともに姉が元彼をやっつけたという話はしなかった。これは家の中でも、なかったことなっていた。警察にもいっていない。

そして、おしゃべりが可愛らしい娘もちょっと出ることになった。

「ママのことは覚えてないよねぇ」

リポーターの美男にマイクを向けられ、娘はうなずきながらもこういった。娘はやっぱり母の血が濃いようで、美男に向かって媚態(びたい)を見せた。

「なんかね、雨の中、大きなお馬さんがいるの。お馬さんが、お姉さんのいうことは信じないでというの」

この不可解にして奇怪な証言も、そのまま放映された。なかなかに強い印象をもたらし、怪奇な噂が飛び交うこととなり、その後インターネットが台頭してからは、娘のこの言葉は都市伝説的に語り継がれるようになった。

『馬ってのは、謎だけど』『誰かが姉のいうことは信じるな、といったのは本当っぽい』『姉は真相を知ってるね』『姉は嘘をついてる』

もっと成長して小学生になった娘は、自分がそんなことをいった覚えはないといい、お馬さんってのもわかんない、と首を傾げた。

ネット民達は、姉妹はかつて男を取り合い、男は妹を取ったのだといった推理をしていた。もちろんそれは妹の夫ではない、第三者である、と。

さすがに、父の末弟が放蕩者だった、行方不明になっている、という報道と書きこみは皆無といってよかった。

知ったとしても、それを妹の失踪と結びつける根拠もなかった。

そんなある日、これもまたふっと唐突に、姉がいなくなってしまった。

あらゆるものをそのままにして、ちょっとそこのコンビニに行ってくる、くらいの感じで。その前日に妹の娘は、

「お姉ちゃんが馬に乗って、どこか遠くに行く夢を見た」

といった。夢の話だ。でも、何かが現実とつながっているのだろう。父の末弟、そして姉妹。三人がばらばらに失踪したとしても、今は同じ世界にいるのではないか。

近江国（おうみのくに）の生霊、京（みやこ）に来て人を殺しし語（こと）

（巻第二十七第二十話）

ある男が京都から美濃（みの）・尾張（おわり）方面に出ようと真夜中に京の街に出たところ、女の生霊に道を尋ねられた。女は目的の屋敷の前で消えてしまい、屋敷の主人はとり殺されてしまったという。数日して改めて東国に下った男は、道の途中、教えられていた女の家の辺りを通ることになり、訪ねてみた。するとその時のことを覚えていて、大変なもてなしをされた。生霊の記憶もあるものなのだ。そして女心は恐ろしい。

あの子は今頃、どうしているかな。

毎日、何をしていても常に頭から離れない、というほどでもなく。何かを見れば、何かをすれば、ふっと記憶の彼方（かなた）からよみがえる、というのも少し違う。だけどあの子と会えなくなって三十年経つ今も、彼は週に一度か二度はあの子を思い出している。何の脈絡もなく、ふっと。

あの子との関係性を思えば、なかなかの頻度と執着ではないか。

初めて付き合った高校時代の下級生、バイト先で知り合って結婚寸前までいった先輩などなど、濃い関係だった女達は何人かいるが、今はほとんど忘れきっている。

先日も街なかで、どこかで見たことのあるような女を見かけ、

「あの女の人、なんか見覚えがあるんだけど。合コンとかしたっけ。どこかの店の店員だったかな。知り合いの奥さんとか」

隣にいた親に真顔で聞き、心底からあきれられた。というより、かすかに恐怖の色さえ浮かべられてしまった。

「あれ、元婚約者だろ。おまえの奥さんになるはずだった人だよ」

「えっ、本当か。本当だ。すごいなぁ、年月の流れって無常」

「いや、すごいのも無情なのもお前本人じゃないか」

そんな彼が、あの子のことだけはいつまでも忘れられないのだ。

ただいっとき、ほんの少し、近所に住んでいたというだけの、あの子。

もちろん、写真の一枚もない。名前すら、あやふやだ。いつも、あの子、と呼んでいた。

あの子。それだけで、ああ、あの子ね、と通用した時期があった。

幼なじみや、地元の警察、マスコミ関係者などに徹底的に聞いて回れば、写真の一枚くらい見つけられるかもしれないし、その後どうなったかある程度までわかるかも

しれないが、彼にはそこまでする理由も意味もない。

たぶん、いや、間違いなくあの子は彼を覚えていない。忘れきっているだろう。

――彼が通っていた中学校の近くに、遠目にはマッチ箱を並べたような同じ造りの小さな家が立ち並ぶ一角があった。

その市営住宅はすべて木造平屋で、屋内の構造もみな同じだった。狭い土間の玄関を入ってすぐに六畳間があり、右手に棺桶(かんおけ)みたいな小さな風呂(ふろ)と汲(く)み取り式のトイレ。その向こうに暗い四畳半。

彼はそこに住んでもいないし親戚(しんせき)などもいなかったが、同級生が何人か住んでいて、学校帰りに立ち寄ることもあった。

老人と病人が多く、昼間からぶらぶらしている男達や不良と呼ばれる子達も少なからずいたし、全般的に貧しい空気が漂っていたが、荒(すさ)んだ怖い感じはなかった。みんなが親戚みたいな雰囲気で、老人が日向(ひなた)ぼっこをする傍らで奥さん達がおしゃべりに花を咲かせ、子ども達が砂ぼこり舞う道や共用の庭で遊んでいる。古き良き時代、なつかしい昭和、といった形容が似あう場所でもあった。

小さな事件やちょっとした揉(も)め事(ごと)はあっても、警察が来るなんてことは滅多になかった。

その一軒に、白昼堂々と強盗が入ったのだ。あの子の家に。

当時はスマホもネットもないから、彼が事件を知らされたのは翌日のテレビのニュースと新聞、それらを見た大人達によってだった。学校でも、かなり噂になった。

「強盗だって。泥棒じゃなく」

「それ、どう違うの」

「脅して奪い取るのが、強盗。こそっと見つからないよう忍び込んで、黙って持ち去るのが泥棒」

「じゃあ、怖い方があの子んちに来たんだ」

彼と同じ中学に通うあの子が一人で留守番をしていたら、見知らぬ男が入ってきてあの子の手足を縛りあげ、タンスを物色して母親の現金を盗んで出ていった、という。あの子の証言によると、男は四十代くらい、白いシャツにジーパン、坊主に近いくらい短く刈り込んだ髪で身長は普通、痩せ型、茶色のサングラスをかけていた、とのことだった。

「刃物、突きつけられたって」

「殺されてたかもしれないの、えっ、怖い」

あの子は、事件の翌日は学校を休んでいた。田舎町でも全校生徒は五百人以上いたし学年も違ったので、彼はそのときはあの子がどの子かまったくわからなかった。

彼の仲良しの弟があの子と同じクラスで、そこから聞いた話では、あの子はわりと最近になって転校してきた子だった。

「お父さんの仕事の都合だっていうけど、お父さんが働いてる様子がないって」

不良でも優等生でもなく、特別に可愛くもないけどいじめられるような容姿でもない。とにかく見た目も性格も何もかもがおとなしい、目立たない子だという。

なのに彼は、あの子と事件に、異様なほどの興奮と興味を覚えた。

こっそり見ていた父の成人向け雑誌、親があまり見せたがらない夜のドラマやワイドショーなどでちらちら見ていた、性的な匂いがする犯罪を思わせたのだ。

あの子は、強盗の男に何かされなかっただろうか。手足を縛られ、悪いこと、いやらしいことをされたんじゃないのか。

あの殺風景な六畳間で襲われ、あの狭くて暗い土間の玄関から必死に逃れようとし、あの陰鬱な四畳半で縛られたのか。あの子のか弱い抵抗は、さらに加害者の男の加虐性を燃えたたせなかったか。

彼の想像の中であの子は、色気のある美少女になった。

「あの子んち、いろいろと複雑だから」

「うちの親が、内部犯行説、とかなんとかいってた」

「そう。強盗は実は知り合いじゃないかって」

といった怪しげな話もいろいろ聞こえてきて、彼の親もあまり子どもには聞かせたくないらしく、彼が子ども部屋に戻っているときだけ居間で話していた。

「奥さん、男がいるって話だったし」

「旦那の暴力がひどいって話も聞いたぞ」

「その間男が、犯人なんじゃないの」

ますます、彼のあの子への淫靡な興味は深まった。そこに住む友達の家に行くふりをして、あの子の自宅だという家の前をうろついてもみた。

すでに警察もマスコミ関係者も無関係な野次馬も見当たらず、いつものくすんだ地味な風景の中に沈んでいた。

そうして事件の翌々日の夕刊に、一面で続報記事が出た。あっけにとられる内容だった。すべては女の子の狂言だった、というのだ。

家には誰も侵入しておらず、何も盗まれていない。手足は親の自転車の荷台に結び付けてあったロープを使い、自分で縛ったという。

強盗の外見の特徴などは、警官に聞かれてその場でとっさに作った架空のものだとか。

女の子はあれ以来まったく登校して来なくなり、もう転校した、遠くの親戚宅に預けられた、という話が聞こえてきた。

彼らもしばらくはあの子の話で盛り上がったが、次第にみんな飽きていった。

ネットなき時代、無関係な遠方の様々な人達の意見は聞けない。近所周り、家族、同級生らと結論の出ない話を延々と回すのみだ。

転校してきて、またすぐにいなくなった子だったから、特に仲のいい友達もいなかった。校内での印象的な逸話も、何もなかった。

子ども達はすぐ、人気の漫画雑誌やテレビドラマの話、今まで通りの喧嘩(けんか)した、仲間外れになった、仲直りした、誰それが好き、誰それが家族でハワイ旅行したって、みたいな当たり前の日常に戻っていった。

その頃は彼も、気にはなるといってもそこまで強く追い回すことはできなかったのだ。なんといっても、まだ子どもだった。なのに。

なぜその日、彼の家の前にあの子が立っていたのか。なぜ、あの子だとわかったのか。あの子はなぜ、彼の家を知っていたのか。

風のない静かすぎる夜中で、やけに白っぽい大きな月が出ていた。その月を従えるようにして、あの子はやってきた。

「連れてって。道に迷ったの」

自分ちへの道を迷うの、などと彼は聞きはしなかった。もちろん断ることも、しない。

あの子は学校の制服を着たままで、月と同じようなそのブラウスの白さが妙にたよりなく、それでいて生々しく闇夜に浮かんでいた。

彼はあの子と並んで、あの子の家への道を歩いた。途中、ずっと無言だったか何かをしゃべったか、まったく覚えていない。

街灯も人通りも乏しい、砂と土と泥の田舎道。草むらの濡(ぬ)れた匂いが強かった。いつにも増して、そこの家々はマッチ箱に見えた。背景の空は書き割りみたいな平板な景色で、他の人の気配がまったくなかった。

まるでこの世には、自分とあの子だけしかいないような錯覚にとらわれた。

そう、彼はあの子と初めて二人きりになった。

あの子が、家の前に立つ。背を向けたあの子の左側には、細い用水路があった。あの子はさかんに、そちらに何かを蹴(け)るような動作を見せていた。

奇妙なものが、細い溝の中にいた。くすんだ緑のような色をした、男の死体だ。

そうして、あの子の記憶はそこでいったん途切れる。それが現実のことだったのか、夢だったのか、今もわからない。永遠に、わからないままだ。

その翌日だったのか、もう少し経っていたのか、いずれにしてもあの子の家で新たな事件が起こった。これは狂言ではなかった。

あの子の父が殺され、近くの用水路に捨てられていたのだ。

そこからの彼の記憶は、テレビのニュース、新聞や週刊誌の記事、親や近所の人、学校での噂話、それらが絡まり合い混ざり合い、ところどころ飛んだり消えたりする。

それらをまとめて整理すると、あの子の母の愛人があの子の父を殺し、あの子の母は殺人も死体遺棄も手伝ってはいないものの、発見されるまで殺害と遺棄を知っていたのに黙っていたらしい。

あの子の父は、妻に愛人がいるのを知って、もともと暴力的だったのがさらに激しくなっていたという。妻だけでなく、娘のあの子も殴っていた。

あの子は母の優しい愛人をお兄ちゃんと呼び、父よりも慕っていたそうだ。

妙な噂も流れた。かつての狂言強盗。やっぱりあれは、本当に強盗事件があったのではないか。忍び込んだ男は、噂されたように母の愛人だったのではないかと。

あの子が、とっさに作ったという男の人相風体が、今となってはまったくもって母の愛人を指しているようだったらしい。

それよりも、あれは夢だったのか。彼は、溝に捨てられていたあの子の父の遺体を見た。奇怪な皮膚の色と質感。異様に生々しかった。

本当にあの子の父の死体は、溝から発見されているのだ。

いや、新聞やニュース、噂などからあの子の父の死体を想像してしまい、あるいは夢に見てしまい、それを現実のことと混同し、まさに夢か現(うつつ)かという状態になってしまっているだけか。

そもそも彼とあの子は、同じ中学という以外の接点がない。もしかしたら校内、町内ですれ違っているのかもしれないが、お互いにまったく相手を知らない。

何にも続報がないままに、事件は風化していった。結局、あの子の一家がどのようなその後の人生を送ったのか、はっきりしない。

彼の周りには、あの子とその家族について詳しく知っている人はいない。

間違いなくあの子の母の愛人は殺人罪で刑務所に入り、母も執行猶予は付いたとしても何かの有罪判決を受けただろう。

あの子は親戚に引き取られたか施設に預けられたかはわからないが、再び転校してどこか遠くに引っ越していったようだ。過去を消して静かに生きているのだろう。

彼は中学を出た後、地元の進学校とされる高校に進んだが、友達関係の揉め事、親の金を盗んでのゲームセンター通い、そこで出会った不良達との交際、などなど良くないことが重なっていった。

決定的な大きな事件はないものの、気がつけば彼自身がどんよりと停滞していた。狭い溝に落ちて身動きが取れず、徐々に皮膚が緑色に変色していくような気がしていた。そんな自分を見下ろす、ふやけた白い月とあの子がいる。

かろうじて高校を卒業だけはしたものの、受けた大学はどこも落ち、浪人生になったが予備校もいつしか行かなくなり、バイトも続かず、気がつけば引きこもりになっていた。

親は、親戚や近所周りには息子について適当に取り繕っている。ちょっと体を壊して、しばらく療養中だとか。

まったくもって、彼は自分がそういうものになるとは予想も予感もしていなかった。飛び抜けて優秀、人気者、イケてる、ということはないにしても、劣等生、不良、でもなかった。中心にはいなくても、中心のちょっとはずれたところくらいにはいた。それは親も同じだ。息子に対し、立身出世は望まないにしても、一年ほど浪人すれば大学に入れ、それなりの会社にも入ったら結婚して子どももできてと、平穏で堅実な人生を送れるものだと思いこんでいた。

まさか三十、四十過ぎても親元にいて親に食べさせてもらい、日がなテレビとゲームとネットにかじりついているとは。

親も彼も、現実を受け入れられないようでいて、受け入れている。それが当たり前になり、ただ無事に平穏に一日が過ぎていくのを望んでいる。

同級生達は責任ある仕事を任されていたり、堅実な家庭を築いていたり、というのが大半で、いまだに芸人になるだの作家になるだの、夢を追う若い気分の者もいるにはいるが、SNSで見る限り引きこもり無職です、というのは見当たらない。

SNSで吐露しないだけでお仲間はいるのかもしれないが、彼らと連帯することもないし、したくもない。

自分を、どこかに置いてきた気がする。あのマッチ箱みたいな住宅のどこかに。あの奇妙な月の夜に。

あそこはすでに何年も前に老朽化が進み、住人達も年寄りばかりとなって次々に葬式を出し、取り壊されてすべてが更地になっている。

いつかあの子がまた、連れてって、と自分の前に可憐な姿で現れるような気がしてならない。だから、ここで待っている。

あの子と並んで歩いてたどり着くのは、あのマッチ箱みたいな家々ではない。もっと素敵な、もっと夢のような、この世の楽園。

あの子は歳を取らない。となると、自分もそんな気がしてくる。

「そうよ。もう少ししたら、行きましょう」

いつしかあの子は、家の中に来てくれるようになった。輪郭が色濃くなり、話もしてくれるようになった。これは生霊なのか死霊なのか、本物なのか。

「早く行きたいよ」

親はもう、閉じこもって大きな声で独り言をいっている息子には、何も期待していない。恐れることすら、しない。

そもそも彼は暴れたり暴力を振るったりはしない。ただ大人しく、飼われているだけだ。

親とも、口もきかない関係ではない。食事はともにしているし、たまに、三人連れだって近所の店に行くこともある。理髪店に行けない彼のために親はバリカンを買って、縁側で月に一度、髪を刈ってくれる。

そのときは身をゆだねておしゃべりも長くするし、母が買って来る服を文句もいわず着ている。時間が、停滞している。自分が停滞、ではなく。

「お母さん、覚えてるよね。中学校んときに友達の家に強盗が入ったの」

「ああ、そんなことあったね。嘘だったんだよね」

「嘘ではなかったんだよ」

「そうだっけ」

彼は時間が停滞しているので、三十年前のことを昨日のことのように話す。

親としては、彼が近所の子どもを襲うとか、出会い系などで会った怪しげな女にだまされるとか、家で大暴れして警察が来て近所中の噂になるとか、それらがなければもういいと思うようになっていた。

そうこうするうちに彼は、ちょっとずつ家から出られるようになった。

親は、うれしいような困ったような、微妙な感じだった。社会復帰できるかという希望と、何かしでかすんじゃないかという不安がせめぎ合う。

「大丈夫。おうちに、ちゃんと帰ってくる」

あの子が迎えに来て、連れ出してくれるようになったからだ。何をするわけでもなく、近所周りをふらついて戻ってくる。

彼が生まれたときから、一家は小さいながらも庭付きの一戸建てに住んでいて、彼の部屋は二階の道路に面した方にあった。彼は小学校に上がると同時に、この部屋を与えられた。

俗に、子ども部屋おじさんという、あれだ。小学校の頃から使っている部屋に、学習机。大学受験のための勉強もその机でやり、今もそこに彼がたった一つ、世界や他人とつながれるパソコンが置いてある。

あの子は不意に、部屋に現れる。ベランダから来ることもあり、ドアの向こうにいることもあり、気がつけば窓辺にもたれかかっているときもある。

「月夜だよ」

「おっ、来たね。でも、まだ昼だよ」

なぜか彼はあの子が来るときがわかっていて、白いシャツにジーパン姿となる。一つだけ持っている茶色のサングラスをかけ、人と目を合わせないようにする。

考えてみればそのときの彼は、狂言強盗をしたあの子が証言した、いない犯人そのものだった。あるいは、あの子の母の愛人だった男。

「あの子の生霊が来るんだ」

とは、親にはいわなかった。彼も、そこまで自分の世界に閉じこもってはいない。あの子はいるけど、いない。いないけど、いる。いってはいけない。いえば病気扱いをされて、病院に連れて行かれる。もしくはそんな子はいないと、断定されてしまう。彼はむしろ、後者の方が怖い。

その日も、あの子が迎えに来た。いつもと変わらない、白い中学の制服。あの子は成長しない。だからたぶん、あの子はもう生霊ではないのだ。生きてこの世にはいないのだ。

彼は引きこもっていたため長く気づかなかったが、家の近くに、いつの間にか小さな公園ができていた。最近になって憩いの場所とするようになった所だ。遊具などはなく、樹々とベンチがあるだけだ。あの子の家はここにすっぽり収まるなと、初めて見たとき感じた。

そこに、薄茶色の和犬を連れた大柄な女がいた。その犬は、彼にだけ吠えた。ああ、やっぱりあの子は自分の心の中にしかいないのだなと突きつけられた。

「こんにちは。うちの子が気に入ったみたい」

あなたに気に入られたい。瞬時に浮かんだが、口にできなかった。ふっと、隣にいたあの子が消える。

　彼女はにこやかを通り越し、なれなれしかった。

「ご近所に住んでるのかしら。私もすぐそこなんですよ。あ、この子は女の子です」

　ぱっと見は化粧が濃く髪が長く、特に美人ではないが目立つ雰囲気があった。長らく母親以外の女と接していない彼は、口ごもってしまった。

「昔、この町に少し住んでたことがあるんだけど。また戻ってきたの」

　話したい気持ちもあったが、そそくさと逃げるように家に引き返してしまった。

　家に戻ると、あの女も生霊の類ではないかと思えてきた。では、あの犬もそんな存在か。黒々と濡れた鼻の頭と瞳は、まっすぐ彼に向いていたが。

　翌日、あの子が現れないのに彼は一人で外に出てみた。父親は退職後に知り合いの会社を手伝っており、母親はボランティア活動に出ていた。

　二人とも、息子が引きこもっている家にあまりいたくないのだ。

　例の公園に来たとき、またあの女に会った。今度は彼も、話すことができた。

「あの、あなたは、本当にこの世に生きているんですね」

「いるわよ。この犬も」

　女は妙な顔をすることも、変なことといわないで、ともいわなかった。

犬はおとなしくしていたが、不意に背後に向かって吠えた。今度は、何かの気配を感じ取ったのか。あの子は、いない。

そうして彼は、女に誘われて女の家に行った。

こんな近くにあるのに、知らなかったマンション。何の変哲もない、まるで彼女くらいにくたびれた雰囲気の建物。彼女の部屋は五階にあり、窓から彼の家が見えた。

「あたし、初めての男は母親の愛人だったのよ」

彼女と寝たベッドの下で、犬はおとなしくうずくまっていた。バイト先の先輩以来の女だった。

女が目を閉じると、まぶたに切開の痕があった。鼻筋にも、固くて真っすぐな異物が入っている。あごにも、異物感がある。

目をもっと腫れぼったくし、鼻を丸くしてあごも丸い感じにしたら、あの子だ。白い月夜の、あの子だ。会いに来てくれたんだ。

女は独身だが、何人かの男と付き合っているという。

「一人の男に、束縛されるのが嫌なの」

どうも女は、昔はそういう店に勤めていたが、今は店を通さないで男達から金をもらっているらしい。彼には、金銭を要求しなかった。

好きだからではなく、持ってないのをわかっているからだ。しかし、ただより高いものはないというのは、中学校のどの先生かが教えてくれたような気がする。

いろいろと若作りしているが、おそらく女の年齢は彼くらいだ。女慣れしていない彼でも、髪の質、匂い、皮膚感でわかる。

好きだったドラマやアイドルの話をちょっとしてみて、それが補強された。

「ぼくは、束縛なんかしません」

犬はおとなしく、部屋の隅に移って彼らを見上げている。たまに、窓の向こうをあの子らしき影が過ぎるときがある。ここは五階なのに。

そうしてある日、彼はついに女に頼まれる。

「一緒に、ある男を殺してほしいの」

遠い昔にも、別の女にこんな頼み事をされなかったか。

「そうしたら私は自由になって、あなたと一緒になれる。私を助けて」

束縛は、嫌なんじゃなかったか。

いい返せない。

女は、自分のための殺人者をずっと物色していたのだ。あの子の母のように。

「もしかして君、ぼくと同じ学校にいなかった」

女は、答えない。答えないことが、答えのようだ。

いや、やっぱり別人か。わからない。何もかもがわからない。女が生きているのかも。そして、自分が生きているのかも。

「君、狂言強盗とかで騒がれたりしなかった。ねぇ、君はあの子じゃないの」

女は裸だったのに、いつの間にか白い制服を着ている。

「溝になんか捨てなくていいわ。今ここでバラバラにして、車で遠くの山まで捨てにいけばいい」

顔を覆う。今目を開ければ、マッチ箱のような家々が立ち並ぶ黄昏（たそがれ）の中にあの子と二人でいるような気もする。なかなか、彼は顔をあげられない。

「違うわ。あたしじゃないわ。別の女よ、それ」

やっと目を開けてみれば、ベランダの向こうから白い制服のあの子が入り込んでくる幻影も見える。

足元に横たわる、皮膚が緑に変色した見知らぬ男だけが、現実だ。

池の尾の禅珍内供の鼻の語

（巻第二十八第二十話）

京都の池尾に、禅珍という鼻が五、六寸もある僧が住んでいた。鼻は赤紫色でつぶ立ち膨れ上がっていて、しかも痒くなる。鼻は茹でて油抜きをすると、普通の人のもののようになるが、二、三日すると元に戻ってしまう。食事も、ある法師に鼻を持ち上げてもらい食べる始末。あるとき、別の童がその役を代わったが粗相をして禅珍は怒る。「もし高貴なお方の鼻を持ち上げる最中だったらどうするつもりだ！」

うちのパパはけっこう自慢の、とまではいかなくても、そんな恥ずかしい人でも困ったおじさんでもなかったはずだ。

わたしが中学に入るまでは、間違いなくちゃんとしたパパで旦那さんで会社員で、職場でも家でも近所周りでも、真面目で優しくてきちんとした人として見られていた。

都内の有名私大を出て、実家がある隣県の町では知られた会社に勤めて、ママにいわせると出世は遅めだっていうけど、ちゃんと役職もついていた。

丸顔に細い目のお地蔵さんみたいな顔は、機嫌がいいときは童顔で親しみやすく、不機嫌なときは無表情で何考えてるかわかんなくて怖い。

背が高くてぽっちゃり気味のおじさん体型は、どっしり存在感があるっていうか、あっ、あそこにパパがいる、と遠くからでもわかった。

小さな頃は、そんな大きくてにこにこしているパパに抱きあげられると、世界のすべてから守られている、みたいな安心感と幸福感に包まれた。

その頃は、パパとママの仲もよかった。喧嘩（けんか）しているところなんか滅多に見なかったし、互いの悪口をいい合ってたなんてのも、あんまり記憶にない。

「正直、パパのいろんな条件の良さっていうか、堅実さを第一に決めたの。中身はどうでもよかったっていったらアレだけど、はっきりいって老けてオッサンぽい見た目は全っ然タイプじゃなかったしねぇ」

パパとママは、互いに三十半ばを過ぎてのお見合い結婚だ。ママはそれを、

「モテなかったからじゃないわ。ママはかなりモテたの。でも、恋愛と結婚は別って割り切ってたから、将来性のない男は切っていった」

と、自分の冷静さ堅実さを数え上げていた。

「あなたも、よーく覚えておきなさい。ふわふわした愛だの恋だのは高校生、せいぜい二十歳までに済ませて、自分の価値を落とさない、自分の価格を上げてくれる相手、

安泰な将来を約束してくれる男を選ぶの」

ママはわたしが愛だの恋だのいいたくなる頃から、こういうことをよく口にしていた。娘の将来を案じてくれているといえばそうだけど、もうちょっとふわふわした甘い夢も見させてほしかったわ。

ママは見た目はパパと対照的にちっちゃくて痩せてて、これまた娘として冷静にいっちゃうけど、美人ではない。

でもそんな体型に加えて目鼻もちまちまっと小さく、だから若く見えた。若く見られることで、ママは自分を美人と勘違いしているところがあった。

「ママはお見合いの場に現れたとき、女子高生といっても通りそうな雰囲気があったんだ。実際は三十をはるかに超えてたのに」

最初、パパにママとのお見合い話を聞かされたときは、ママは可愛かったんだ、パパはママの可愛さに惹かれたんだ、といわれて微笑ましくなったけど。

後から、これは怖い話として思い出すことになってしまった。

それをいえば、ママの結婚生活への希望と価値観、パパへの評価だって、後々になってかなり皮肉なものとなる。

パパは、ある日いきなり変なスイッチが入ったのではなく、何の前触れもなく急に壊れたのでもない。徐々に、ゆっくり、次第に、でも確実に変貌していったみたい。

だからママもわたしも、パパが手遅れになってからようやく気づいたの。

もともとパパは仕事も忙しく、それなりに会社の人なんかとのお付き合いもあり、わたしはあんまり家でパパと顔を合わせていなかった。朝起きたらもうパパは出勤していたし、夜はわたしが寝てから帰ってきていた。

休日は家にいたけど、わたしもそんなにパパと遊びたい、パパとお出かけしたい、とも思ってなかったから、晩ご飯のときくらいしか顔を合わせなかった。

それがあるときから、朝起きたらパパがまだ寝ていたり、学校から帰ってきたらリビングでぼーっとテレビを眺めていたりするようになった。

「なんで、パパがいるの」

「まぁ、いろいろあるのよ。パパもお疲れだし」

ママはため息をつきながらも、最初のうちはまだパパをかばっていたし、わたしにあれこれ取り繕おうとしていた。

「パパはちょっと体調を崩して、会社にしばらくの間お休みをもらったの」

とりあえず重い病気じゃない、というのでほっとした。ママも初めの頃は、少し休養を取ったらパパも回復して、また元気に会社へ戻ると見ていたらしい。

「病気じゃない。疲れているだけ。誰にでもあることよ」

ママがパパに気を遣っていたのは、パパ本人が心配だったんじゃなく、自分と娘の安泰な生活のためだと、なんとなくわかってはいた。

ママは、がんばっていた。パパの好きなおかずを作り、ことさら明るく振る舞い、ときには夜中のリビングで二人してお酒を飲みながら慰めたりしていた。

でもパパはやっぱり心ここにあらずという顔で、ぼーっとしていた。

陰気なお地蔵さんみたいな顔と質感のパパがリビングにどーんといると、確かに家全体の空気が重く澱んだ。

パパだけじゃなく、我が家そのものが徐々に、ゆっくり、次第に、でも確実におかしくなっていった。パパの陰鬱な存在感は、家具や壁まで湿気させていく感じだった。

パパはご飯とトイレとお風呂以外は、ずっと寝室のベッドに横たわっているようになり、ついにママはわたしの部屋で寝るようになった。

「隣にあの陰気地蔵がずどーんと横たわってると、ママまで石になりそうよ」

ママは不機嫌さを隠さなくなり、パパを怒鳴ったりなじったりするだけでなく、実家に戻ってお祖父ちゃんお祖母ちゃんに、

「真剣に別れようかって気にもなる。でも、だめ。娘を思うと、それはできない」

なんて話をするようになっていった。夜中に電話で泣きながら相談しているときもあった。パパの方の親には、まだ何もいっていないようだった。

「病気が治らないんじゃないわ。パパそのものが変わってしまって、元に戻らない」

パパはいつの間にか、ママに一言の相談もなく会社を辞めていた。パパはもう五十を超えていた。今から条件のいい再就職は難しいって、わたしにだってわかった。

線路と川に挟まれて立地は悪いけど、私が生まれてから購入したという二階建ての我が家は、そこそこお金もあって幸せな家族が住んでいるんだろうなと思わせる外観で、ローンも完済していた。

でもそれに貯金をはたいてしまったから、この先パパが無職ではわたしを私立の高校大学に進ませるのは無理だと、ママもお地蔵さんみたいな表情でいう。

ママはいわゆる寿退職で、それからずっと専業主婦。十年以上、働いていない。ママだって、今から給料の高い職場に入れてもらうことは難しい。

お金や職種を選ばなければどこかには使ってもらえるとしても、プライドの高いママは、そこまでなりふり構わず働かないだろう。

「私の結婚は失敗だった、私の男選びは間違っていた。今さらそんなの、ないわ」

と泣きたくなるのもわかる。といって、きっぱり離婚して実家に戻って、親の世話になりつつわたしを倹しく育てるのも嫌なのだ。

離婚してしまえばママの中では、本当に結婚はすべて失敗だった、男選びを間違っていた、と認めてしまうことになる。周囲からも、そんな目で見られるという。

確かに、ママの実家は田舎にある。そこでは、出戻ってきた女とその子どもは憐(あわ)れみと陰口の対象なんだそうだ。

「あなたには絶対、そんな思いをさせたくない」

だなんて、あらゆるものをわたしに押しつけないでほしい。

同級生にも、親が離婚している、どちらかが亡くなっている、って子は何人もいるけど、それを理由にいじめられたりはしていない。本人に責任のないそういう陰口を叩(たた)く子の方が、白い目で見られる。

でも、それをいうとわたしの学校がまあまあ都会にあって、親も周りの人もそこそこ教養のある人達だからだって。ママの田舎は、そういう環境じゃないって偏見丸出しのことをいう。

大富豪や超エリートの妻ではないにしても、それなりのお家の良妻賢母であることがママを支えているのだから、その体裁、体面だけは保ちたいのだ。

ともあれパパは、暴力を振るうとか暴れるとか、お酒を飲んでおかしくなるとか、そういう派手な困りごとはなかった。ひたすら暗く、家にも自分の殻にも閉じこもっていた。

でも、自分のご飯だけ別室に運ばせるといったことはなく、ママやわたしと一緒の食卓についた。もともと口数は少ないパパだったけど、黙々と食べるだけだ。

わたしとママは、テレビを見ながらどうってことない会話をしてやり過ごすしかない。

パパは、もはやいないことにする。パパはまさに、田舎の道端の誰も気にしない壊れかけたお地蔵さんになっていった。

それがあるときから、パパはまた妙な変化を遂げた。

「右手が腫れあがって、大きくなっている。いつもむずがゆくて、腫れぼったい。何か無数の虫が、皮膚の下に湧いているような気もする」

なんて、気持ち悪いことをいい出したのだ。

「重くて右手が持ちあがらなくて、寝返りを打つのも困る。この右手がある限り、外出なんか絶対できない」

パパは自分の右手のこととなると、よくしゃべる。

「ほら。こんなに赤紫色になって、ミカンの皮みたいにでこぼこ、ぶつぶつしている。なんだか蠢くものが透けてるだろ」

わたしやママから見ると、パパの右手は別に何の異変もない。腫れてもいないし、虫なんか湧いていることもないし、変色もしていない。でこぼこやぶつぶつもない。

だけどわたしとママは、そういわれてみれば、なんて言葉を濁すしかない。

はっきりいって、パパが怖かったのだ。暴力的じゃないけど、絶対におかしなことをいっているパパは、パパにしか見えない世界に入り込んでいる。もっと、変なことをいうようになるかもしれない。そのうち、もっと怖い人になるかもしれない。そんな予感が、我が家に張り詰めていた。

手続きをして、パパは失業保険をもらえるようになった。もちろん、失業保険は永遠にはもらえない。ママはパパを心の病院に連れて行き、薬の処方をしてもらい、お金を国からもらうことも考えているようだった。

やがてわたしとママはパパの巨大な手を認め、病気として看病し、手助けをするようになった。

それは我が家だけの、不思議な治療とも儀式ともいえるものだった。

浴槽にお湯をいっぱいに満たし、パパは上半身は下着のシャツだけになって洗い場に座り、右手だけをお湯に浸ける。その間、パパはまさにお地蔵さんのように動かない。

ママはパパの背後に座り、お湯の中に浸けたパパの右手をひたすら揉む。

「小さくなった」

とパパがいったところでママがお湯から右手をあげ、丹念にタオルで拭き取る。この後は、わたしの出番だ。

窮屈そうに、狭い洗い場に横たわるパパ。わたしは浴槽の縁に座り、パパの右手をごりごりと裸足の足で踏み、転がすようにする。

パパにだけ、変化がわかる。そのときだけ右手は縮み、元通りになるんだそうだ。

「出た、出たよ、虫が」

これもパパにしか見えないんだけど、あらゆる毛穴から白い虫がうようよ出てきて、空中に次々に消えていくという。

その虫は、誰にも似ていないけど、確かに頭の部分が人の顔をしているそうだ。

わたしには見えなくても、気持ち悪い。見えないけど、そう見える気がする。

ともあれ、それでしばらくパパの右手の不快感と巨大化はおさまる。だけど、一日ともたない。すぐにまた、あの風呂場での儀式だ。

「ご飯より、お粥にしてほしいな。スプーンを頼む」

これもいつからか、パパが食事をするときはわたしが隣に座ってパパは右手をわたしの膝に置き、不器用に左手で食べるようになった。

パパの右手は、なんでもない。なんでもないけど、気持ち悪い。中を這いまわる人の顔をした虫が、透けて見えたらどうしよう。

パパは一連の儀式と食事が済むと、寝室にこもる。音楽を聴くのでも読書をするのでもなく、ひたすら横になる。

でもパパはずっとスマホだけは手放さず、持っているようだ。

パパは会社を辞めてからは、他人とは接していない。会社の人達はあくまでも会社の人達で、友達ではなかった。誰かと電話しているのも、聞いたことがない。もともと友達が少なく、学生時代の同級生達とも連絡は途切れているようだ。といって、パパに女の影、気配は感じない。それはパパの数少ない取り柄だと、ママもいっている。

「パパは、むやみに女のお尻を追い回す人じゃあなかった」

そういわれたら、そうだなというしかないけど。なんとなく、違う。そもそもパパは元から、他人を好きにならない人なんじゃないかという気がする。それはパパがこんな変になる前から、ずっと。

スマホを離さず持っているといっても、ゲームをやっているわけではなかった。わたしとのＬＩＮＥも、滅多にしない。パパは、ＬＩＮＥ以外のＳＮＳはやっていないし。

ママは、パパがスマホで変な出会い系をやってたり、課金の高いゲームにはまってたり、詐欺でしかない情報に引っかかったりしていなければ、アダルトサイトを見ていてもいいし、何も身にならない動画や雑談のサイトを見ていてもよかったみたい。

じゃあ、パパは片時も離さないスマホで何をしているのか。

ママとしては、求職サイトを調べていたり、伝手のある人に今後の相談をしているのだと思いたがっていた。たぶん、それはない。ママには、いえないけど。

わたしは学校に行き、ママは家事をし、パパは右手が大きくなったときうるさいだけで、例の儀式だか治療だかもそこまで大きな負担にならず、ただなんとなく月日は流れていった。何事も、慣れてしまうものだ。

そんなある日の放課後、帰り支度をしていたら友達に妙なことを聞かれた。

「お父さんって、ツイッターやってる？」

聞いたことがなかった。わたしもやってるけど、リアルに知っている人ばかり三十人くらいと、フォローしたりされたりだ。その妙なことをいってきた友達とも、相互フォローしていた。

家の周囲や部屋の中、外食やお出かけの画像もかなりあげていたけど、無関係な人達に流出しないように非公開にしていた。

うちのパパがツイッター。それは初耳。

「っていうか、あり得ない」

なぜか、むきになって小さく叫んでしまった。

「絶対に、お父さんだよ。ほら、これ」

友達は、スマホを突きつけてきた。やっぱり最初は、それがパパだとは思えなかった。

アイコンはオタクに人気のアニメの美少女キャラで、ハンドルネームもキャラの名前をそのまんま名乗っている。

友達は、ささっとスクロールしていくつかの画像を出した。思わず声があがる。

「うそっ。でも、ほんとだ」

そこにあげられた画像は、すべてといっていいほど心当たりのあるものだった。実際、その友達に送っていた画像も混ざっていた。

まぎれもない、うちの庭。去年の冬、わたしが作った雪だるま。うちのベランダから見える景色。家族で外食すると、必ず行くカレー店。パパがいつも注文する、チーズかけカレー。皿の前に映り込んでいる手は、心身ともに健康だった頃のパパのものだ。

どこかの書店のガラス戸を撮っているショットには、うっすらとパパの全身が映り込んでいる。なぜかわたしは、激しい恐怖を覚えた。

「違うよ。パパはこういうのにまったく興味ないもん。これやってるの、従兄（いとこ）のお兄ちゃんだよ。このアニメも好きだし」

その場は適当な嘘をついてごまかして、何とか話を逸らしたけど、友達と別れて一人になったわたしは、猛烈に検索した。

このツイッターをやっているのは、百パーセントパパだ。驚いたのは、フォロワーが三万人を超えていることだった。ちょっとした芸能人、有名人並みだ。

家の近くの公園で、わたしはベンチに腰かけ、必死にスクロールしまくった。そうしてパパの隠れた一面と、パパの得体の知れなさに鳥肌を立てた。

うちにいる陰気な地蔵顔の、大柄なもっさりしたおじさん。あれ、いったい誰なの。パパと名乗っている、変な虫の集合体かもしれないと、本気で戦慄した。

ずっと寝室にこもってスマホをいじっていたのは、これだったんだ。

もちろん、ママはこれを知らないだろう。知らせるべきなのか。とにかく、怖い。なんかわからないけど、パパの目的はとにかくフォロワーを増やすことみたいだった。この中でパパは、わたし達に見せる姿とはまた別種の、異様な人になっていた。

今じゃリアルのパパも異様といえばそうなんだけど、はるかにリアルのパパの方がマシだと思えた。それくらい、アニメアイコンの偽名のパパは変だった。はっきりいって、キモいクレイジーなオヤジだった。

「許せないのです。強く抗議するのです。あいつらは悪魔なのです」

パパは正義感が強く弱者に優しい、悪や権力に立ち向かう美少女になっていた。総理大臣や有名人の悪口、現実のパパの口からは聞いた覚えのない、○○反対、××への差別は許さない、等々の主義主張。

だけどリアルのパパは、大学を出てない男とは結婚させないだの、あの職業は行き場のない人の受け皿でしかないだの、〇〇人はみんな性格が悪いだの、××国は戦争で滅ぼされりゃいいのにだの、頭ごなしの偏見や差別心をたっぷり持っていた。

もちろんいい大人だから、現実世界では本音と建前を使って猫かぶっていたけど、パパはそんなまっすぐで汚れなき愛と正義と自由と平等の人ではない、断じて。ツイッターと現実では、思想が逆になっている。

ましてやアイコンの美少女とはかけ離れた、似ても似つかない中年オヤジだ。

とはいえ、ツイッターで演じている聖人、飾り立てている人格者、正義感の強いふりをしてる純な人ではないっていうだけで、特に極悪人でも変態でもない、ごく平均的なこの国のオジサンではある。

でもそれはあくまでも、以前のパパだ。今のパパは、普通のオジサンからも転げ落ちてしまっている。極悪人ではなくても、変態の謗(そし)りは免れないかもしれない。

ああ、パパはこの三万人に囲まれて、アイドルとしてちやほやされて、はしゃいでいるんだな。正義感の強い意識高い美少女としてちやほやされて、二次元の楽園で恍惚(こうこつ)としているんだな。その実体は、家族にも疎まれる陰気な地蔵顔の無職中年。

何にしてもツイッターで美少女になり済ましてちやほやされても、それはパパを根本的に救うものとはならず、病気をかえって悪化させているだけだ。

これはやめてほしい、心底から願った。でも、どうやって。

そうだ。右手がかゆい、重い、変な虫がいる、それは嘘のパパを拝む、三万人の信者のせいではないのか。そんな気がするけど、これまたどうすればいいかわからない。ママにはこの件を伝えることはできなかった。これ以上、パパとママが険悪な仲になっていって、本気で離婚となるのも嫌だ。わたしだって、パパとママと今まで通り暮らしたい。それにはパパに、元のパパに戻ってもらうしかない。

いや、変に刺激して今より悪化されるのはマズい。もしかしたらパパはツイッターがあるから、これ以上おかしくなるのが避けられているのかもしれない、だんだんそうも思えてきた。

わたしはこっそり、パパのツイッターを見るのが習慣になった。変なつながり方をしている、父と娘。わたしは絶対、パパのツイッターをフォローはしない。わたしだって、正体がばれたら怖い。

パパは信者といわれるファンや支持者がたくさんいる反面、ねちねち絡んでくるアンチもかなりの数がいた。

パパはだいたい保守系の権力者、右翼の大物、そうした思想信条を持つ有名人を叩き、敵対するスタンスを取っているので、彼らの支持者たちには嫌われ、叩かれていた。

パパって変になる前はむしろ、保守系の人だと思っていたんだけど。宗旨替え、考えを変えた、というより、ツイッターウケするキャラを作ったんだ。

信者よりアンチが怖い。アンチどもはパパのあげた画像を解析し、住居のだいたいの場所をつきとめて拡散していた。パパがうかつにも、住所や行動半径など特定できるツイートをしてしまうのだ。近所の食堂とか、徒歩圏内の公園とかの情報を。

「あいつは、この辺りに住んでいるよ。行きつけの食堂で待ち伏せしてやろうか」

みたいなツイートがたくさんある。巻きこまれる可能性もあるし、寒気がした。ファンだって、別方向から怖い。もしパパが美少女ではなく地蔵顔の中年男と知ったら、彼らはどうする。くるっと反転して、強烈アンチに変わるかもしれない。

そのうち、ママやわたしの名前と顔までさらされるんじゃないか。わたしが登校中に追っかけられたり、ママがスーパーの前で卵ぶつけられたりして。

いても立ってもいられなくなったわたしは、台所にいるママのところに駆け寄った。ついに、ママにパパのツイッターを教えてしまった。自分のスマホを見せて、涙ぐんだ。

「これパパだよ。パパってばスマホで何してんだろうと思ってたら、こんなことしてたなんて。手の中にいる虫がさせたんじゃないよね、まさかね」

そのときパパはまさに寝室でスマホを握りしめ、三万人もの信者に囲まれてご満悦だった。右手は腫れあがっていないらしく、液晶画面を連打していた。

ううん、手の中の虫が蠢いて、パパを気味悪い美少女妖怪にしているんだ。

ママは顔をこわばらせ、食いいるようにパパのツイッターを見ていた。そうしている間にも、パパは新たなツイートをしていた。

「弱い自分を認めましょうね。でも、弱いあなたを怒ったりしません。人はみんなみんな弱いものなのです」

そういうツイートがあがったとき、鬼の形相でママは吐き捨てた。

「ふざけんなよ、弱いのはテメーの頭だろ」

ママの中からも、憤怒の赤い虫みたいなものがめらめらと立ち上っていた。

「無駄メシ食らいが。米食い虫が」

米食い虫。その言葉がわたしに刺さった。パパに巣くう虫は、それだ。

晩ご飯はいつものようにわたしの膝にパパは手を乗せ、黙々と食べた。ママは恐ろしく据わった目つきで、空中の一点を見つめていた。

「なんか、今夜は飲みたい気分よ」

一人で、買い置きのワインを半分くらい飲んでいた。パパも一杯、無言で自分のグラスに注いで飲んだ。ママは凍りついたような目で、パパの喉もとを見ていた。

わたしの膝の上で、パパの右手はぐんぐん膨らんでいき、赤紫色になり、虫が蠢いているのがわかった。何者かの顔をした虫が、右手だけでなくパパの全身を蝕みそうな勢いを持っているのが伝わってくる。

ママのレンジ台に向かって味噌汁を温め直している後ろ姿からも、何か険悪な悪い虫みたいなものがゆらゆら湧き上がっているのが見えた。

そのママの虫が、わたしに話しかけてきた。ママの顔と声で。

「パパが事故で死んだら、ママも可哀想な未亡人で済むし、保険金も入ってあなたの高校も大学も心配なくなるし、何よりあの忌々しい米食い虫もいなくなる」

パパは、ダイニングテーブルには絶対スマホを持ってこない。今、寝室で次々に信者からのメッセージが着信し、パパのツイートがリツイートされ、それについてもさらにツイートされているのだ。真っ暗な部屋に通知の音が鳴り響き、白い虫が這い出して来る。パパの顔になった米食い虫だ。

翌日は日曜で、わたしは救急車のサイレンに起こされた。でも、うちに救急隊員が来たとき、もうパパは死んでいた。

パパは晩ご飯の後お風呂に入り、そのまま寝入ってしまって溺れ死んだのだ。

ママが台所で後片付けをしているとき、パパがお風呂に入っているのはわかったけど、ついスマホのゲームに夢中になってしまい、そのまま寝てしまった。

と、救急隊員だけでなく、変死なので後から調べに来た警官にも説明した。

ママが味噌汁に睡眠薬を混ぜ、浴槽でうとうとして湯に沈みかけていたパパの頭を押さえつけていたことは、知っているけど誰にもしゃべらない。パパが死んでママも捕まったら、わたしは路頭に迷ってしまう。

パパが睡眠薬を処方され、多めに飲んでしまったという事故になった。心の病で退職していたという状況は自殺も疑われたけど、家族による他殺の疑いは出なかった。

パパがまったく新しいツイートをしなくなったら、次第に信者もアンチも飽きて離れていき、忘れ去られた。たぶん、新たなパパみたいなやつが登場していて、みんなそっちにたかりにいったんだろう。何かの虫みたいに。

たまに、膝にパパの右手の重みを感じるときがある。そこから這い出てくる生き残った米食い虫が、パパの顔をして這いまわる感触も。

信濃守藤原陳忠、御坂より落ち入りし語

（巻第二十八第三十八話）

信濃の国の長官だった藤原陳忠が任期を終えて帰京中、馬が懸け橋を踏み折り、陳忠もろとも谷に落ちてしまった。家来がのぞき込むと、旅籠を谷底に降ろせと叫んでいる。言われるままにして旅籠を引き上げると、平茸が満載してある。陳忠は「宝の山に入って手ぶらで帰れない」という。危険に遭っても平茸を取ってくる態度に、家来は「おそらく長官在任中は取れるものはなんでも取ったんだろう」と思った。

彼女が魅力的かと問われたら、彼女を昔から知る人達も、例の騒動で初めて知った一般の人達も、誰もが即座にもちろん、とはいわない。

昔から知る人達は、なんとなく気まずそうに首を傾げ、あるいは辺りを見回し、あいまいな笑みなど浮かべてしまう。それでも、うなずきはする。

例の騒動で初めて知った人達は、何か納得いかない顔をしつつも、きっと自分達にはわからない魅力があるんじゃないの、と突き放すようないい方をする。

彼女が魅力的でないなら、彼女にまつわる物語は成り立たなくなるのだから。

ちなみに彼女は美人かと問われたら、これも同じような反応になる。知る人ぞ知る存在だった頃と、週刊誌やテレビなどに顔が出てネットでも拡散された今でも、評価は半々といったところだ。

美人経営者と書きたてる媒体もあったし、彼女の魅力は外見ではなくコミュニケーション能力だとか、暗に不美人と報道するところもあった。

顧客は我が国の命運を握る政財界の大物ばかり、とまではいかないが、中堅どころの議員やマスコミ関係者、そこそこ売れている芸能人にまずまず活躍しているスポーツ選手や文化人、そんな彼らと一緒に飲み、おごることができる程度の経営者、金持ち、そこに群がるきらきらSNS発信に命を懸ける夜遊び好き達だった。

まだ二十代初めの頃から都内の繁華街で会員制バーを経営していた彼女は、そのときどきで彼氏と呼ぶ男が替わり、今はあの男に熱を上げている、といった噂には事欠かなかったから、いわゆるパパはいないと見られていた。

もし彼女に資金を提供したパパ、経営に関わっている愛人関係の男がいれば、あんな大っぴらに男遊びはできないし、結婚願望を口にもできないはずだと。

だから本物のパパが太い、つまり実家が金持ちなのだと噂されていた。彼女に関する噂は本当に噂でしかなく、昔から不確かな裏の取れない情報ばかりだった。

彼女を知っている、彼女のバーに通っているというだけで、一つのステータス、ある種のライセンスを獲得できた層は存在していた。

そんな彼女が先日、あっという間に、まったく彼女とも彼女の世界とも無関係だった全国の老若男女達にも知れ渡ることとなってしまった。

有名女優を妻に持つ、美男でも知られた文化人と二人きりで新幹線に乗り、関西の大都市で揃(そろ)って降りたことが報じられたのだ。

腕を組んだり手をつないだりはしていないが、二人きりで老舗(しにせ)店の食事を楽しみ、有名観光地を軽く回り、しかしその後は泊まることはせずまた新幹線に乗って、二人は東京駅で別れた。まっすぐに、それぞれの自宅に戻った、という。

この一連の二人の姿が、ずっと撮られていた。恋人同士といえばそうだが、親しい友達とも取れる。掲載された写真誌には、彼は妻と別れて彼女と再婚するつもりもあるらしい、などと書かれていた。

大勢のマスコミ関係者に自宅前で囲まれた彼はしどろもどろで、

「彼女は、ただの友人です」

と繰り返し、家から出てきた彼の妻は豪快に笑い飛ばした。

「真相は私が一番わかってますから。あ〜、おかしい。って笑っちゃいけないか。彼女の店には、私も行ったことありますよ、ええ、旦那(だんな)と」

それでいったんは収束したのだが、別の方向、違う角度から彼女は妙に注目された。まずは彼女の、謎のキノコのおつまみだ。

彼女は気に入った男がいると、キノコを使ったおつまみを作りに行く、もしくは持参するという。

主にヒラタケだが、シイタケもエノキも交じっている。天ぷらだったりマリネだったり炒め物だったり、調理法は様々だったが、とにかくキノコを使っている。

怪しげな麻薬に類するものでも、微量の毒を含むものでもなく、きわめて珍しい外国産でもない。その辺のスーパーで売られているものばかりだ。

しかしそれを食べた男は熱烈に彼女に惚れるか、逆にほうほうの体で逃げだすという。そんな噂が、ネット上を駆け巡った。

新幹線に乗る二人の前にある備え付けのテーブルには、確かに彼女の手作りらしきキノコ料理の入ったプラスチック容器が置かれているのが、はっきり写り込んでいた。

記事にも、噂のキノコがあった、と書かれている。

それで改めて、過去の記事なども掘り返された。実は彼女は、写真誌やスポーツ紙、週刊誌に撮られたのは今回が初めてではなかった。何年か前にも中堅どころの俳優と、ややマイナーなスポーツ選手、それぞれと会っている現場を撮られている。

俳優との場合、何人もが集まってレストランでランチをしているところで、彼女と俳優は隣り合ってはおらず、斜め向かいに座っていた。

記事は、親しげに会話していたと無理に関係を強調しているが、ランチの後はまったくの別行動をとっていた。俳優と彼女は、二人きりにはなっていない。スポーツ選手とは、ホテルの駐車場で彼の車に乗り込むところを撮られているが、彼のチームの後輩選手もいて、彼女は後部座席で後輩が助手席だった。

彼の車は自分のチームが練習しているグラウンドに向かい、そこで降ろされた彼女は一般の観客に交ざって応援席に座っている。どう見ても、ただの友達だ。

「彼女は友達の一人で、ぼくの舞台を見に来てくれた帰りに手作りのキノコサラダを差し入れてくれただけ」

「彼女はぼくのファンだといって手作りのお弁当を差し入れてくれてましたが、チーム全体も応援してくれているんです。弁当は、キノコと肉の炒めたのが美味(おい)しかった」

などと、二人とも彼女とは単なる友達であるのを強調し、キノコ料理をもらっただけと答えている。だからさして話題にもならず、テレビで取り上げられることも後追い記事が出ることもなかった。

当時は彼らも独身で、スキャンダラスな要素がなかったのもあるし、彼女が一部では有名、夜の街では人気といっても、一般的には芸能人でも有名人でもない。騒がれる要素はなかった。

何より、どう見ても特別な関係にある男女には見えなかったからだ。

後に中堅俳優は、無名時代から交際していた事務所マネージャーと結婚した。

スポーツ選手はファンの一般女性と付き合っているという新たな噂が出て、その写真も撮られていた。これは彼女のときと違い、彼の部屋に泊まっているところも押さえられ、恋人同士なのは間違いなかった。

今回に限って大きく騒がれたのは、相手の文化人が既婚者で、その妻が人気女優であったことと、俳優やスポーツ選手と違って二人きりで会っている点だ。

ただ、今回も二人の仲が決定的である証拠がなかった。日帰りの旅行中も彼と彼女は密室に二人きりとはならず、その旅行後も二人きりで会っていない。

彼女はインタビューなどは断り、テレビには出なかったが、雑誌にはコメントが出たし、どこから入手したのか、写真も掲載された。そうして、

「まぁ、御想像にお任せするとしか。奥様もいらっしゃいますし。友達以上、恋人未満ってことにしておいてください」

などと、たっぷり含みのある匂わせ発言をしたのだ。

そうこうするうちに、ある疑念が業界にも世間にも浮かんできた。文化人男性との騒動はすべて彼女が仕掛けたもので、売名行為というより彼女の一方的な思い込みと

ストーカー的行為でしかなかったのでは、ということだ。

これまた掘り返してみれば、前の俳優やスポーツ選手のときにも当てはまる。実に都合よく、二人で会う場所や時間帯が週刊誌側、カメラマンに伝わっているのだ。

以前の俳優もスポーツ選手も、そして今回の文化人も、そんなしょっちゅう彼女と会っている事実はない。俳優とスポーツ選手は、彼女の店以外で会ったのはあの写真に撮られたときが初めてだという。今回の文化人も、

「長らく会ってなかったのに突然、呼びだされたんです。店の仲間何人かで日帰り旅行するからあなたもぜひ、って。でも、駅に行ったら彼女一人しかいなかったんです。みんなドタキャンだって。なんかおかしいとは思ったけど、今さら引き返せなくて」

などと、彼女にハメられたというのをはっきりとはいわないものの、いったも同然の釈明をした。妻は完全に、夫のいい分を信じていた。

事前のリーク、そこで何時に会うかわかっている関係者からマスコミに連絡があったのではないかと疑われ、それは他ならぬ彼女本人だ、といわれるようになった。

匿名を条件に、いくつかの他誌の関係者からの証言も出てきた。

「あれ、うちにも売り込みありました。かなり前から張り込んだけど、あれ以上の写真は撮れなかった。っていうか、あの写真のときしか二人は会ってないんです」

「ぼくは昔、別のスポーツ紙にいたんですが、例のスポーツ選手と彼女が密会すると

いうときも、電話がかかってきてましたよ。ええ、女から。今から思えばあれ、彼女本人だったのかも」

彼女の店を通して顔見知りになった、例の俳優とスポーツ選手も、彼女のいない別の店で苦笑しながら今回の騒動について言及した、というのも漏れ伝わってきた。

「あれ絶対、俺らハメられたんだよ。記事が出る前から、なんかやばかった。みんなでメシ行っただけなのに、プロポーズされたといいふらしてたし」

「あの文化人もびっくりしたと思うよ。でも人がいいから、まんまと二人きりで旅行した、って状況を作られた」

「思いこみが激しいっていうより、なんか心を病んでるのかなぁ」

「それはさておき、あのキノコってなんなんだろう」

「別に変なキノコじゃなくて、どこにでも売ってるヒラタケなんだけどね」

彼女は、次第に不気味な人として認知されるようになっていった。

とにかくきちんと裏付けの取れる前歴がまったく不明で、同級生や元同僚、子どもの頃に近所に住んでいた人やその他、過去を知る人が皆無に近いのだ。

二十歳そこそこで上京してすぐ店を持ったのは確かだが、それまでどこで何をしていたかを知る人がいない。もしかして誰か他人の戸籍を買って、なりすましているのではないか。まことしやかに、そんな黒い噂もささやかれるようになった。

そんな彼女に、強い関心を持った女性週刊誌の女性記者がいた。大手の広告代理店から転職して間がなく、なんとか世に出ようと野心満々だった。男とのあれこれで居づらくなっての転職だったし、彼らを見返したい思いも強かった。

女性記者は自分の若さと容姿、経歴にも自信満々だった。怪しげな背景の、たいしてきれいでもないキノコ女など見下していた。

キノコ女とは、女性記者が呼んでいた例の彼女のあだ名であり、そこに親しみも尊敬もあるはずがなかった。

私の出世のために、あんたごときを使ってやるのよ。

といった驕(おご)りもあった。もちろん、本人は驕りとは思っていなかった。慈悲や慈善の気持ちすら、持ってやっているつもりだった。

まずは彼女の店に通っているという上司に頼み、彼女の店に連れていってもらった。

彼女は女性記者に対し、無防備なほどにこやかに接してくれた。

「いろいろ誤解されちゃうんですが、私ってただヌケてるだけなんですよ」

彼女は店で威厳のある女王様のように、ではなく、有能で従順な侍女のように振る舞っていた。集っている人も本気で、

「彼女はいわゆる天然っていうのかなぁ、子どもみたいなところがあって」

などと微笑みながら、保護者みたいなことをいったりもする。

善い人なのかなと、女性記者も取材を忘れて打ち解けてしまうほどだった。

「あの、聞いてもいいですか。キノコ料理って、あの噂は本当ですか」

店にいた他の客達が、いっせいに笑った。

「特別に彼女に惚れられなくても、作ってもらえますよ」

「故郷から毎月、どっさり送られてくるんだよね」

「頼めば、あなたも食べられるよ。あ、でももう今月は品切れか」

そうして記者は、徐々に包囲網と自分では思っているものを狭めていった。実際は記者の方が、張り巡らせた女郎蜘蛛の網に絡めとられていたのに。

記者は早々に彼女の店の登記簿なども手に入れ、実在しない会社の名義であることなどを調べ上げ、反社会的勢力の外国人組織とつながっているのも突きとめた。

やっぱり、相当に黒い女だ。かなりおもしろい記事にできそうだ。それでも、いや、だからこそ記者はにこやかに、彼女の店に通った。

そんなある日、記者は彼女に呼びだされた。経営する店にだ。他に客はいなかった。

「貸し切りよ、あなたのために」

いつもよりさらに薄暗く感じる店内で、今日の彼女は従順な侍女ではなく威厳のある女王の顔をしていた。

カウンターの中にいる彼女は、敵ではなく食べ物を見るような目を女性記者に向けている。危ない。生まれて初めて感じる、捕食される怖さ。

「あの、何か私に独占告白でもしてくださるんでしょうか」

体の中で警戒警報が鳴り響くが、どうにもならなかった。逃げ道となる出入口や非常階段は見つからない。そんなものを探すそぶりを見られたら、さらに退路を断たれそうだった。

「そうよ。あなたには、これまで隠してきた私の半生を語りたいんだけど」

いきなり、猫撫で声でそんなことをいってきた。女性記者としては願ったり叶ったりのはずだが、顔はこわばるばかりだ。

「私の車で、故郷までドライブしようよ」

断る術がない。断る理由がないのではなく。

とりあえず、大人しくしておくしかない。いくらなんでも拉致されて殺されることはないだろうが、地獄のような故郷を見せられる予感はした。

「その前に、これ食べてみて」

身を硬くして座る女性記者の前に、不意にヒラタケの煮物の小鉢が出てきた。

出た、とうれしくもなり、怖くもなった。やや濃い目の味付けのそれは、確かにおいしかった。

「おいしいでしょ。私が命懸けで、採ってきてるんだもの」

どんよりと、体が重くなった。暗い崖下に落とされるような、恐ろしく密閉された場所に閉じ込められるような、夜明けの悪夢みたいな感覚に襲われた。

「だから、あなたも命懸けで食べなきゃ」

そうして気がつくと女性記者は、真っ暗な中にいた。

体を丸めて、狭苦しいところに押し込められている。振動、匂い、すぐに自分が車のトランクに入れられているのがわかった。

次第に、直前までの記憶がよみがえってくる。彼女の店で、何かされた。あのヒラタケの料理に、何か薬物を仕込まれていたのだろうか。

今はただもう、助かりたいだけだ。その方法が知りたいだけだ。

後ろ手に縛られ、猿ぐつわをされている。身動きが取れない。叫べない。それらができても、どうにもならない。逃げられない。

殺される。そう考えるとパニックを起こすので、必死に丸まって体力を温存し、いずれ車を停めてトランクを開けてくれる相手に冷静に対峙しようと決めた。もしくは、恥も外聞もなく身を投げだして命乞いをしよう。

車は一般道を走り、高速道路を疾走し、ひどい悪路も抜けた。まるで中空を飛んでいるように感じられるときもあり、やがて車は唐突に停まった。

すでに日はとっぷりと暮れていて、さらに街灯などもないどこかの山奥に連れてこられているようで、トランクが開いたときも変わらぬ闇を見た。

のぞきこんでいるのは、やっぱり彼女だった。月光の下で見ると、彼女はもしかして大変な美女なのかとも思えてきた。

女性記者は必死に身を硬くし、自分には敵意も反抗心もなく、ただ命だけは助けてほしいという目で見上げた。

「あなたが知りたがっている話、してあげるわ」

気配、匂い、音。ここが、大きな湖か池のそばだとわかる。彼女は車の脇に立ち、楽しそうに鼻歌なんか歌っている。

やっぱりこの人、おかしい。でも、逆らえない。あのヒラタケに何が仕込まれていたのか、まだ体はうまく動かない。

「私は田舎にいた頃、かなーり悪かったのね」

今も悪いでしょう、猿ぐつわ越しにいってみる。届かない。彼女は笑っている。

「同じように悪い女友達がいてね、見た目もよく似てて、姉妹みたいといわれてた。その子は、地元のお坊っちゃんと付き合ってた」

まるで、舞台に立つ女優のような台詞(せりふ)回し。しかしただ自分に酔っていて、他人を勝手に観客に仕立て上げているだけだ。

「だけどお坊っちゃんと何かで揉めたようで、行方不明になっちゃった。私は、お坊っちゃんが何かやったなとピンと来て、脅したわ」

その子の泣き声が、闇の中から聞こえた気がした。鳥か、獣か、本人か。

「そしたらあなたみたいにトランクにぶち込まれて、ここに連れてこられたの。ここ、お坊っちゃんちの親が持ってる土地なんだって」

闇に閉ざされ、悪女に監禁され、死の恐怖に直面している。それでも、秘密を知った興奮もある。

「不思議よねぇ、トランクにぶち込まれるとき、蓋で頭や顔を打ちたくないって、とっさに体を内側によけて丸まるの。ますます閉じ込められやすくなる体勢を、自分から取ってしまってたの。防衛本能って変なものね」

もしかして、今の自分もそれなのか。からかわれているのか。

「私はお坊っちゃんに首を絞められて、気がついたら冷蔵庫の中に詰められてた。ほら、後でそっちも連れてってあげるけど、まだその冷蔵庫あるのよ」

見えた気がする。中身も一緒に。

「お坊っちゃんは私が死んだと思って、不法投棄されてた冷蔵庫の中に押し込んだの。でも私は、息を吹き返したのね。もちろん、パニックよ」

女性記者は、いろんなものを通り越して五感が研ぎ澄まされる感覚を味わう。とにかく、助かることを考えなくては。

「冷蔵庫の中には、完全に白骨化した先住者がいた。そうよ、行方不明のあの子よ」

予測はしていた。記者は、目をつぶる。涙があふれた。泣いてはいけない。なんとか冷静さを保たなければ。でも、いっそ完全におかしくなってしまいたい気もする。

「私は死に物狂いで暴れた。そうしたら、扉が開いた。ちゃんと脱出できたの」

彼女は恍惚として、自分のではなく記者の生と死をもてあそぶような笑い声を上げる。

「どうやって帰ったか覚えてないけど、帰巣本能ってすごいわね。ちゃんと家に戻れた」

生存本能が、湧き上がる。もう、ひたすらに彼女に従順でいることだ。

「警察に行ってもよかったっていうか、普通は行くよね。でも私は考えた。何日か療養して、またあの山に行ってみたの」

彼女は、自分の命すらもて遊ぶことができるのだとわかる。

「実は前からそこ、知ってたの。そうよ、天然のヒラタケがいっぱい生えてて、こっそり採りに行ってたもの」

ヒラタケを嬉々として採っている彼女は、きっと無邪気で可愛いのだろう。

「私は、とっても貧しい家の出なのよ。売れるものは何でも売った。もらえるものは何でももらった。欲しいものは何でも手に入れた」

そんなあなたが素敵です、伝わらなくても必死に媚びる。

「私は冷蔵庫の中の白骨死体の写真をたくさん撮って、お坊っちゃんちに行ったわ。幽霊が来た、みたいに怯えてた」

彼女は今までの好きになった男達も、こうして追い詰めたのだ。追いこむことが、彼女の愛の証。愛の表現。

「ちゃんと、お土産にヒラタケを持ってってあげたのにね。って、もともとはお坊っちゃんちの土地に生えてたものなんだけどね」

お坊っちゃんはヒラタケの山の持ち主から、彼女のヒラタケを育てる養分になってしまった。

「私は、あの子の名前と住民票なんかを乗っ取った。そうしてお坊っちゃんからは、毎月けっこうなお金をもらえるようにした」

ああ、そうでしょうね。いろいろと腑に落ちる。

「あんたの殺人を一生秘密にしてあげる、って取り引きしたの。ばらしても、私にもいいことないし」

その頃から彼女は、目立ちたい、世の中に注目されたい、という願望が湧き上がるのを抑えられない女だったのだろう。

「お金もらって都会でお店をやれれば、楽しく暮らせて私ももう恐喝なんかしなくなるわよってね」

自分も破滅に近づくとわかっていても、ぎりぎりの勝負をかけてみたい。いろんなものがばれたときの崩壊する感じを、彼女は何度も反芻して恍惚としているのだ。けれど今一つ決定的な魅力がない、というより、好きになった男にあまり通じないようだ。それはゲームとして楽しんでいるところがあるから、決定的に惚れてくれて本当に結婚してくれる男を避けているのかもしれない、無意識に。

「無駄なことしてる、無意味なことしてる、と自分でもわかるときあるじゃない。だけどそれは結局、結果ってものを見てみたいんだわ」

彼女という人が、わかってくる。記者がわかってきているのを、彼女もわかっている。

「結果よ。先が見えない、未来なんかないかもしれない状態で、とにかく『ああ、こういうことなんだ』って身も蓋もない結果ってものを見たい」

それは私もです。媚びではなく、賛同としてうなずく。

「あの子は東京に行ったってことにすれば、彼も安心」

秘密をすべて知ったら殺されるのが定石だが、大丈夫な気もしてきた。自分はきっと、しゃべらない。彼女もそれを、見抜いている。

「私本人に、行方不明になってもらったわ。冷蔵庫に入っているのは、私ってことにして。私は別人になりたかった、もともとね」

必死に、うなずく。そんな記者を見下ろして、彼女はさらに機嫌がよくなる。

「念のために、白骨死体に私のイニシャルが入ったアクセサリー、特別注文の一点ものの時計とかプレゼントしてあげた。もし見つかったら、私ってことになるのよ」

その子は、すぐ近くにいる。死臭がする。

「あなたはいい子ちゃんね。絶対にばらしたりしないよね」

必死に、うなずく。こんな怖い女に逆らえない。

「あなたが私の弱みを握ってるんじゃなく、私があなたの弱みを握ったの、わかるよね」

彼女は、男の弱みを握るのも好きなのだった。弱みがないなら、作ってみせる。

「うちの店には闇社会の怖い人達、いっぱいいるからね」

それから彼女は、縄を解いてくれた。猿ぐつわも外してくれた。

彼女が乗り込み、車は少しだけ移動する。女性記者は体を起こされ、のり面に大きな冷蔵庫が転がしてあるのを見せられる。

ふと、自分は車のトランクではなくあの冷蔵庫の中にいる気がした。

「ちょっと待っててね、ヒラタケ採ってくる。手ぶらでここから帰れるわけないわ」

どさり、香しいヒラタケを詰め込んだビニール袋が、頭の横に置かれる。変に、うれしい。確かに、あのヒラタケの煮物はおいしかったのだ。

「あの、今もあの文化人さんを好きなんですか」

なぜ、こんな頓珍漢なことを聞いてしまうか。

「私は私だけが好きよ」

けれど彼女は、機嫌よく答えてくれた。

「だって、可哀想だもの私。冷蔵庫の中なんかに入れられて」

人に知られざりし女盗人の語（巻第二十九第三話）

すらりとした長身で少し髭の赤い男がいた。ある夕暮れ、一軒の家から女に誘惑され、二人はねんごろになる。男はすっかり骨抜きにされ「生かすも殺すもあなた次第」と女にいうと、男装した女が鞭をとり、男を八十回打った。そしてこれが繰り返された。また、女は盗賊団の首領でもあるようで、男に強盗の指南をした。こうして二、三年が経ったある日、男が用事を済ませて家に帰ると、家も女も忽然と消えていた。

あまり、兄の記憶ってないんですよね。

確かに血はつながっているし、一緒に暮らした頃もありました。二人で写る写真も、それなりに残ってますよ。あんなことが起こる前のものばかりだから、二人ともなんてことない、どうってことない子どもとして写ってます。

でもあたしが兄について詳しく知っていることはほとんど、あの事件の後の報道によって、という気がします。

今でも兄の事件は、「平成の凶悪事件」とか「死刑囚の最期」みたいな本にはたいてい載っているし、兄と面会した作家や記者の本も何冊か出ているようですね。ネットにも、いまだにたくさんの怪しい噂が転がってます。

だから、あなたみたいなのが来るんだわ。

反論しようもないんで、何をいわれようが書かれようが、黙ってますよ。兄が殺人者であることには変わりないし。加害者の家族としては、事件がこのまま風化していくのを望むだけです。

もちろん、被害者に申し訳ないとは思ってますよ。でも、あたし達だって被害者とまではいえないけど、加害者の身内ってだけで共犯者ではありませんから。

兄だって、まあ、それこそ身内だからこう思うんだろうけど、可哀想なところもありますよ。いいところだって、あったし。

うちって、複雑にして雑な家庭環境だった。それはあなたもご存じでしょう。

だけど、当のあたし達はあの頃、あまりそんなふうには思ってなかったですね。

うちに出入りしていた人達がみんな、似たり寄ったりの家庭環境だったので。もう、そういうのが当たり前みたいな感じになってました。

警察関係者やマスコミ、無関係な人がいったり書いたりしたもので、自分のことや家族のこと、事件のことを詳しく教えてもらった上に、お宅は変なんだよと突きつけられたわけです。

無関係だった人達によって、自分や家族について、へぇそうだったんだと初めて知ったことがいっぱいありました。

兄とあたしは、父親が違います。母親が恋多き女だった、といってやりたいけど、まぁ、だらしない女だったわけです。

正式な結婚は二回くらいしてるみたいだけど、結婚せずにいろんな男との間に子どもをぼろぼろ産んでました。望まれるところにはなかなかできなかったりするのに、望んでないのにできちゃうというのは皮肉ですね。そもそも子どもって、愛でできてるもんじゃないですからね。

確か兄は、母の二度目の旦那さんとの間にできた子で、あたしは旦那さんと呼べるような間柄じゃなかった人との子だそうです。母も、すべての男をちゃんと覚えているわけじゃないみたいですからね。

そんな兄は母にとって、三番目か四番目の子かな。その前の旦那さんとの間にも、あたしは会ったことのないお兄さんお姉さんがいるって。その結婚前にも産んでるみたい。その兄か姉は顔も名前も知らないです。一生、会うことはないでしょうね。

あたしはたぶん、下から二番目か三番目。かなりの高齢出産で妹を産んだのは知ってるけど、あの母のことだからもう一人くらいどこかで産んでるかも。その子達は、兄の事件を知らないでしょう。知らないままでいいんですよ。

そんなこんなで物心ついた頃から、家の中にはごちゃごちゃとわけわかんない大勢の人がいました。兄もいたり、いなかったり。

兄とは二十歳くらい歳が離れてるんで、あたしが生まれた頃から家には兄の彼女ってのが何人も出入りしてた。良い人も、嫌な奴もいましたね。

報道もされたけど、そのうち二人くらいに兄は子ども産ませてます。どっちも女の子だったかな。赤ちゃん、うっすら覚えてます。どちらも、いつの間にかいなくなってました。気がついたらあれっ、いないよね、って感じ。

どちらも母親である彼女らが連れてった、といわれてますが。どこかの施設で、何も知らずごく普通に幸せに育っててほしいですね。ごく普通に生きられなかった、叔母さんからの願いですよ。

その子達にも、もう会うことはないでしょう。そう考えると、血のつながりっていったいなんなんだろうな、と柄にもなくしみじみします。

そういうはっきり血のつながった人達だけじゃなく、我が家には遠い親戚だの親戚の友達だの、その友達の友達、家出してきた子達、やばいことやって逃亡中の人達、もうわけわかんないのが常に十数人いたんです。

だからもう、出入りや入れ替わりがよくわかんなかったですね。いつの間にかいて、いつの間にか消えてる。そんなのばっかり。

そんな大きな家だったのかって、それはないです。寂しい畑の真ん中のボロアパートで、木造の平屋建て。五軒がつながってました。真ん中の二軒を、うちの一家が占拠してたっていうか。

あとの三軒は、うちと同じくいろんな怪しげなのが出たり入ったり。あまり長く居つく人はいなかったです。あたしらの一家が嫌だった、ってのもあるでしょうね。端っこに長く住んでる一人暮らしのおばあちゃんがいて、このおばあちゃんだけがうちの一家と何も関係なかったですね。

あのおばあちゃん、どうなったかなぁ。迷惑はかけてただろうけど。一緒のアパートにいた頃も、滅多に顔を合わせなかった。もう亡くなってると思いますけど。もしかしたら、うちの一家どころじゃない黒い過去を持ってたかもしれないですね。訪ねて来る人もいなかったし。

六畳二間と、小さな板の間の台所。間取りはみんな同じ。たらいの方がマシかも、くらいの小さな風呂と、昼でも薄暗くて怖い汲み取り式トイレがついてました。とにかく、陰気な家でしたよ。砂壁に染みだらけの天井板。変な虫も一杯。

アパートの大家は、あのシケた町にも一応はある繁華街で連れ出しオッケーのスナックかなんかやってた強欲そうなバアサンで、事件の後は自分は何も関係ないですって顔で、とっとと取り壊しちゃった。

だからあたしらも、出ていかなきゃならなくなって。集っていた奴らもどこかにちりぢりに去って行きましたよ。あの端っこのおばあちゃんも。

今頃みんな、素知らぬ顔でどこかの似たような家に潜りこんでいるのか。変な嗅覚と触覚はあるんで、って虫扱いしてますが、ひっそりしぶとく生きていると思いますよ。

いやしかし、あのえげつない大家のバアサン。アパート壊しておいて、いろんなマスコミ関係者にうちのあることないこと、売りまくって小遣い稼ぎしてました。

その後しばらくして、スナックが不審火で全焼したんですって。罰が当たったんですよ。いや冗談じゃない、あたしは関係ないですから、その火事。本当に。

ともあれ、あたしらに事件を起こさせるためだけに建てたようなボロアパートでしたね。どこもかしこもゴミ屋敷状態で、って、これはあたしらが悪いんですが。

服や靴どころか下着だって誰のだかわからない、乾いてるやつ、あんまり汚れてないのを適当に着る、みたいな。冷蔵庫に何か入れておいたらたちまち食われちゃうんで、みんなその場でむさぼっちゃう。

着るものどころか、誰が誰の彼氏彼女ってのもいい加減で、とっかえひっかえ、手あたり次第、みたいな乱れっぷりでした。母も兄もです。そういうあたしもまぁ、適当に。兄とだけはやってない。といっておきましょう。

はあったんですよ。

一応、我が家にいる人はお金と食べ物は自分でどうにかすること、みたいな決まり

だから家出してきた女の子は風俗やったり歳ごまかしてホステスしたり、男の子は街に出て見知らぬ人に恐喝や美人局、泥棒やって母にお金渡してましたね。

女首領の盗賊団、ていうふうに周りは我が家を噂してたみたいです。女首領って母ですよね。それはまぁ、その通りだし。盗賊団ってのも全っ然、間違ってませんけど。

母はそれで財産を築いた、がっぽり貯め込んだ、なんてこともなかったですよ。もともとバカだから。そもそもたいした儲けもないし。

母は、分不相応な高級ブランド品や貴金属、有名飲食店なんかには興味ありませんでした。知識もないし。安い量販店の叩き売りの服着て、近所の安いファミレスや居酒屋でカラアゲむさぼってチューハイ飲んでたら、それで充分なんですから。

それで、ママさん、姉さん、と若い子達におだてられてりゃご満悦。歯抜けでデブでちっとも美人じゃないし、もちろん若くもない。

でも、女なら何でもいい非モテ、やりたい盛りのガキ、女にさわれるだけでうれしい年金暮らしのジイサンなんかには、需要あったんですよ。

実は母も、例の強欲な大家がやってた売春メインのスナックにいたこともあるんです。極北みたいな店の最果てみたいな女ばっかりだったから、母もあぶれなかったたん

ですよ。

とはいえうちの母は、とにかくだらしないダメ女だけど、暴力的なところはあまりなかった。口は悪いけど、すごい罵倒するってのもなかったし。子どもの頃は、悪さするとぱちんと頭やお尻を軽く平手で叩かれたりはしたけど、命の危険を感じるほどの乱暴はされたことないです。だから、今もあたしは母をそこまで憎んだり嫌ったりしてませんよ。

兄も地元じゃ早くから悪ガキと見られてたけど、同じく暴力的ではありませんでした。

喧嘩は弱いというより、避けてました。女を殴るのはクズだって、弟分達にも真顔でいってたし。弟分達にも、暴力で従わせるってのはなかったようです。

あたしからすれば、例の兄の彼女の方がよっぽど悪どい、がめつい女首領ですよ。

そう、あの事件の真の首謀者といっていい女です。

結局は兄の最後の女となったあいつが率いていたのが、心底から怖い本物の盗賊団です。あの女首領はワルどもを扱い、君臨していた。

なんとなく噂や家の中での会話でもわかっていたけど、兄は手の付けられない悪党っていうほどじゃなく、本物の悪党にパシリとして使われていた小物だった。強盗じゃなくコソ泥だし。覚醒剤じゃなくてシンナーだし。組織的な振り込め詐欺じゃなく、カード使いまくった後で盗まれたと嘘ついて支払いをしない、そういうセコい詐欺だし。盗難車を買わされて偽造ナンバーつけて、売るんじゃなく自分が乗ってたし。

そんな兄ですが、事件当時は彼女とは別に、本妻といっていいような人がいました。兄の女にしては、しっかりしてました。

出会ったときはキャバやってたけど、子どもができてからは喫茶店や介護の仕事を掛け持ちして、ちゃんと子育てをしてました。

うちには立ち寄るだけで、泊まることはなかったです。どこかで一線引いてたっていうか。母ともあたしとも、適度な距離を保ってました。ずかずか乗り込んできて男やパンツまで共有なんてノリはなく、手土産を持ってくるような。

そんなだから、兄はしっかりした本妻さんに甘えつつもどこか舐めてたんですね。デキた妻がいるのに、一回り近く若い女の子に惚れちゃった。

事件当時、十六ですよね、その悪どい女。高校は行ってなかったけど、そんな年頃。その子は子ども時代、少女の頃、ってのがなかったんでしょうね。

報道では、兄はその子を風俗に沈めてヒモになろうと狙ってた、とありましたが、そこのところは、あたしにもよくわかりません。でも、好きと金に換えることは、別に矛盾はしないんじゃないですか。

その子の家はあたしの家よりもっと悲惨で、虐待とネグレクトの繰り返しだったそうです。

とにかくその子は、居場所がなかった。スマホと自分の若さ可愛さだけを武器に街をさまよっていたとき、風俗店とまではいかない店の寮に潜りこんだんです。

そのときどきの男と、そのときどきの部屋。どっちにも疲れて、長く面倒見てくれる男と、長く住まわせてもらえる部屋を探していた。

キャバクラの看板を掲げていたけど、隣に座った女の子をさわってもいい店。店内で裸になったり、局部を出したりの行為は禁じられていたけど、客はなんとかもっとハードな行為ができないか期待して店に来る。

その子は、店には出てなかったんです。年齢が引っかかるってのもあるけど、雇われ店長に気に入られて、彼の部屋に転がり込んだというだけ。スカウトなのかナンパなのか、これは今もってはっきりしていない。

寮になってたアパートは二階建てで、上下ともに六世帯が入ってて、空き室を除けばすべての部屋に店の関係者が住んでいました。

我が家ほどじゃないにしても、アパート全体が一家、疑似ファミリーになっていたんですね。ちょっとしたトラブルはあっても、ゆるゆるとしたコミュニティができていた。絶対的なボスもいなかったようだし。

そういうまったりした疑似家族の家をひっかきまわしたのが、その子。スタッフ男性、キャバ嬢の彼氏、彼ら彼女らの友達、その子は片っ端から男を誘惑していって、女ともれなく揉(も)めて、一応は彼氏ってことになってる店長を困らせた。店長に怒られる、喧嘩になる、そうするとぷいっと出ていく。とりあえずの相手と宿を探す。でも、またけろっとして戻ってくる。結局は、雇われ店長ほど優しくていうこと聞いてくれる相手に会えなかったわけです。

いつでも受け入れる店長も、その子に本気で惚れていたのか、なんなのか。

だけど、ついに破綻(はたん)と破滅はやってきた。その日も店長ときっとつまんないことで喧嘩したその子は飛びだして、何日か前にナンパされて即座にそういう関係になっていた男を呼び出した。

そう、それが兄です。惚れられたんじゃなく、嫌な見込まれ方をされちゃったんです。

そこからは、さんざんニュースでもワイドショーでも週刊誌でも報道され、一冊の本にもされ、死刑囚の特集となれば再録、再編集されて、ネットでも物語は拡散されました。あなたはどれから知ったんですか。

だけどやっぱり、あたしには今もってよくわからないことがあります。兄のインタビュー、供述、手記、遺書も一通り見ましたが、どうにもわからない。

一連の流れは知ってますよ、もちろん。兄はその子に泣きつかれ、そんな奴ブッ殺してやると弟分の一人を連れて店長のところに包丁を持って乗り込み、刺し殺した。その子は兄の隣にいて、やっちゃえやっちゃえ、なんて囃し立てていたんですよね。店長の財布も彼女が盗み、兄に渡した。

それから兄は、騒ぎを聞いてやってきた隣の部屋の同僚女性と、たまたまそこへ遊びに来ていただけの、店とも店長とも何の関係もない女友達を乗ってきた車に押し込んだ。

弟分が運転して、その子は助手席にいて、兄は後部座席で二人の女性を脅したり猥褻行為をしたあげく、まずは一人を公衆トイレに連れこんで首を絞めて、その場に放置した。持っていたバッグから、お金も盗んだ。

車に戻ってまた走らせて、もう一人の女性を廃墟になった工場跡に連れ出して、持ち出してきた包丁で刺す。そのまま隅に転がして、トタン板をかぶせて隠した。

そのときはもう、店長の遺体が見つかって大騒ぎになり、その女の子もいなくなっていることがわかって、警察のヘリコプターが飛ぶ大事件になってたんです。

覚えてますよ、生々しく酷薄な青空を。まさかうちの兄を追ってるとは思わなくて、あのヘリコプターがお菓子やおもちゃをまいてくれたらいいのにな、なんて見上げてました。代わりに兄の首を吊るす、ロープが降ってきたんですけどね。

首を絞められた女性は息を吹き返したけど、刺された女性は亡くなりました。弟分の家に隠れていた兄は数日後に逮捕され、二人の殺人、一人の殺人未遂、あとは窃盗や不法侵入、なんだかんだで一審で死刑求刑。

実行犯の一人とされた弟分と、直接の手は下してないけど大いに関わったその子は少年院に、不定期刑で送り込まれました。

店長や巻きこまれた女性の遺族も、何の関係もなかったのに瀕死の重傷を負わされて今も後遺症に苦しむ女性も、そして母とあたしも、あの子が一番悪いと叫びました。だけどその子は、やっちゃえやっちゃえってのは、殴れって意味だったと言い訳しています。兄にも、ちょっとヤキ入れして、くらいにしかいってないと。

基本のアタマは悪いくせに、ずる賢いんですよね。その手の子って、だいたいそう。ワルではあったけれど、暴力は嫌いだった兄があそこまで短絡的に暴力で暴走した、それが最もよくわからないことなんです。

その子がそこまで魅力的で、男を破滅に導くほどの魔性があったか、っていうのはもっと不思議でなりませんよ。兄の本妻さんの方が、よっぽどきれいでいい女です。

写真も見たけど、ちんけな女です。知り合いも口をそろえて、そこまで可愛くない、ダサくていかにも田舎のヤンキー女、みたいな感想しかいいません。

兄の本妻といっていいような人を思うと、さすがに胸が苦しくなります。彼女とその子と生活をともにすれば、あんな兄だってそこそこまともに生きていけたかもしれないのに。

だけど兄に限らず、人は悪い方の螺旋に入っちゃうと、くるくる沿って堕ちていく。

町外れの町営住宅に潜り込めたあたしと母は、素性の怪しい手下や居候はもう寄せ付けることなく、ひっそり隠れて生きようと誓い合いました。

だけど気がつけば、やっぱりいつの間にか一人増え二人増え、またしてもわけわかんない奴らが増殖してて、母はだらしない女首領に返り咲いてました。

母は兄の傍聴や面会には行きましたが、さほど落ち込んではいませんでした。母は母で、自分の王国が安泰であればよかったんでしょう。

あたしは裁判所も拘置所も一度も行かなかったんで、最後に兄に会ったのがいつだったか思い出せないんですよね。

兄は反省したというより、どうせ無駄だと思ったからでしょう。控訴はしなかったんで、あっさり死刑確定。三年後、執行されました。

あたしは兄の死を、ニュースで知りました。でもその少し前、今はもうないアパート裏のネギ畑に、兄が立っている夢を見ました。

なんか夢の中で、ああ、もう兄は死んでるんだなとわかりましたよ。兄は寂しそうだった。なぜか兄の隣には、端っこに住んでたおばあちゃんもいました。やっぱり、あのおばあちゃんも死んでるんでしょう。

母は遺体の引き取りを拒否したんで、そういう人達ばかりの合同のお墓に入れられました。場所は調べればわかるけど、お墓詣(はかまい)りに行く気もないです。なんだろ。兄を忌み嫌ってるんじゃなくて。兄は、そこにはいない気がするからです。なんとかの風になって空にいる、とも思いませんけどね。

もう取り壊されて更地にされて、この地上にはないあのアパート。あそこにいるんですよ。ネギ畑に、寂しくたたずんでる。

兄はさておき、その子。事件当時は十六歳だし、実行犯じゃないし、一応は初犯だったので、数年で出てきました。

もちろん頭にくるし許せないし、刺すまではいかなくてもそれこそ誰か連れてってぶっ飛ばすくらいはしてやりたい、とむかついてました。

そうしたら、例の事件ですよ。まさか、とも、やっぱりな、ともため息が出ました。

因果応報っていうんですか。罰が当たった、とでもいうのかな。あるいは天の裁き。これは本当に、あたしら何にも関わってないですよ。

その子も殺されちゃうなんて。兄の祟(たた)り、呪いかもと怖くもなりました。

その子は少年院を出てすぐ、つまんないチンピラと結婚するんですが、それはチンピラの借金だの詐欺だのに、まんまと利用されたんです。

借金まみれだったチンピラは、ブラックリストに載って借金ができなくなると、偽装結婚で名字を変えていた。その子も、まんまとそれに使われたんです。車のローンを組むため、そのためだけにですよ。

そこもまた、同じように底辺の疑似家族ができあがってて、チンピラには妻も前妻もいたけど、ローンのために借金から逃げるために別れて復縁して、を繰り返してました。

だから周りの女達との間には、決定的な絆(きずな)もないかわりに憎しみもなかった。

その子は、謝礼のハシタ金欲しさにチンピラと入籍したけど、すぐに別の好きな男ができちゃったようです。兄にも、その程度の気持ちは持ってやってほしかったわ。殺された雇われ店長さん達にもね。

ともあれ、やっぱり籍を抜いて、明日(あした)にでも、今日にでも、と騒ぎ出した。

本当に好きな男ってのも、兄やそのチンピラと変わりのないクズだったと思いますけどね。籍を抜いてもらったって、黒いしがらみからは抜けられないんだし。

チンピラはまるでかつての兄のように、弟分を引き連れてその子を呼んで連れ出し、その子にかなり苦しい死に方をさせたんです。

ローン組むのが目的の偽装結婚、戸籍上だけとはいえ、一応は妻なのにねぇ。

その子は全身を毛布で包(くる)まれて、ロープでぐるぐる巻きにされて、生きたまま川に投げ込まれたんです。なんだか、中世の刑罰みたいですね。

死ぬときも相当に苦しかっただろうけど、一週間後に発見されたときはどろどろに皮膚が溶けて髪の毛も目玉もなくなってたそうです。

しばらく身元不明だったけど、腐敗の少ない部分の皮膚に彫られた刺青がなんとか判別できて、わかりました。いろんな男の名前が、彫られていたんです。本格的なプロの彫り師によるものじゃなく、縫い針と墨汁で、本人の作。

兄の名前も、あったそうですよ。そこまで兄を好きだったんじゃなく、そこまで深く考えずに刺青なんかしちゃう、ってだけのことです。

その子があのときの子だというのも、報道されました。残念ながら、兄の死刑が執行された後のことです。

兄が知ったら、なんといったか。何を思ったか。あちらで再会できたでしょうか。まぁ、二人とも天国には行ってないでしょうから、同じ地の底で会えたんじゃないですか。

それにしても、名前を刺青したら必ずその相手とは別れるって、何人かに聞いたことありますが。本当なんだなぁと、いろいろ教えられましたね。

その子を殺した戸籍上の夫は無期懲役で、死刑にまでは至りませんでした。まぁ、やったの一人だけだし。

……こんなアジアの最果てとしかいいようのない僻地の、お世辞にも治安がいい、SNS映えするとはいえない安アパートの一室。

まだそこそこ若い日本人の女が一人で住んでいるのを、あなたは不思議がっておもしろがって近づいてきたんでしょう。

たまたま市場で出会って、日本人ですかと声をかけてきたあなた。まぁ、あたしも退屈してたし、久しぶりに日本語で話すのもいいかなと。どうせもう会わないし。

これが理由です。日本にいたくないから。母と一緒に、あんな貧相な疑似家族を作って底辺で生きて行くなんて、まっぴら。

以前の彼氏がバックパッカーだったんです。一緒にあちこち行くうちに、彼氏とは別れちゃったけど、アジアの旅は慣れてきて。

安く何もせず滞在するなら、ここかなと。閉じこもってるし働く気もないから、現地の言葉は覚えない。できなくたって困りませんよ。

日本で体張って一気に稼いで、観光ビザぎりぎりまでいる。ときどき、隣の国に出てビザをリセットしたりもします。

国境沿いでカジノ遊びしたり、ちょっといけない薬をたしなんだり。まぁ、捕まらない程度にあれこれやってます。

母とは、完全に縁を切りました。向こうも、あたしのことなんか忘れてますって。

だめですよ、あなたみたいなちゃんとした駐在員が、これ以上はあたしに興味を持ったり深入りしたり、しない方がいい。

いつしかあなたを取り込んで手下にして、殺人や強盗の命令を出したりしますよ。そうならないうちに、さっさと行っちゃってください。

実は、すでに現地のチンピラが出入りもしてるんですよ。片言の英語でなんとかなってます。そこまで悪いことはしてないですけどね。

やっぱり、どこに行っても悪い疑似家族を作って女首領にならずにはいられない、ってのは血ですかね。

平定文、本院の侍従に懸想せし語

（巻第三十第一話）

昔、皇居を警備する役人に平中と呼ばれる男がいた。平中は、貴族きっての色事師だった。その頃、藤原時平の御殿に美人の侍従が勤めていた。評判を聞きつけて平中が恋を仕掛けるも、軽くあしらわれてしまう。便器の中身を見れば、幻滅して忘れられると思った平中は、便器を奪う。すると中身は、丁子や山芋を調合して作ったものだった。機転が利くことに驚いた平中はさらに恋焦がれ、恋の病で死んでしまった。

あの事件があるまで彼は、いや、あの事件の最中もその後も、先輩の奥さんである彼女に恋心を抱いていたのは確かだ。

先輩から奪い取りたいなどと、そこまで強く思い詰めることはなかったものの、夫婦から飲みに誘われたり家に招かれたりすれば、何をおいても先輩ではなく彼女を目当てに飛んでいった。

もしかしたら、彼女は自分の奥さんだったかもしれない。

その想像は甘酸っぱく切なくも背徳の匂いがするものだったが、事件後は背筋に冷たい汗が流れるものとなった。

彼も、先輩と彼女が出会った場にいた。彼らが勤めていた広告会社の関係者達を中心とした合コンで、取り引き先の有名商社ＯＬだった彼女も参加していた。

甘えた口調の巻き髪ゆるふわ女子達の中で、きりっとしたショートカットに無愛想ではないが落ち着いた物腰と口調。高級ブランド品なのはわかるものの、これまた地味な色合いの服や持ち物。

つまり合コンにあまりそぐわない彼女の雰囲気は男達を敬遠もさせ、興味も抱かせた。

地方都市の社長令嬢、お嬢様女子大卒、有名商社勤務、そういった経歴や背景を抜きにしても、彼女には際立つ存在感があった。

誰よりも先輩が完全に他の女をエキストラとして扱い、彼女を主演女優としたのがわかった。彼女もまた早いうちから、先輩に体を傾けているのが見てとれた。

とりあえず彼はなんとなく三番手くらいにつけていた子会社ＯＬと二次会に行き、連絡先だけ交換してそれっきりだ。

先輩はちゃっかり、彼女と二人きりでどこかに消えた。彼女を取られたと落ち込んだが、もともと彼女が彼のものであったことなどないのだ。

翌日にはもう会社で、先輩に耳打ちされた。彼女をモノにした、と。すべてにおいて先輩は仕事が早いな、仕方ないなと苦笑して、お似合いですよと祝福するふりをしなければならなかった。

そしてあっという間に、先輩と彼女は正式に夫婦になってしまった。

「彼女は高級ブランドは興味ないといいながら、けっこう身に付けてんだよな。彼女にとっては高級じゃない、普段着感覚なのかも」

お嬢様で贅沢(ぜいたく)に慣れているけど、俗なことには無頓着(むとんちゃく)で物欲がない。先輩はそういいたい、いわれたいようだったが、彼女がそう思わせるように振る舞っていたのだ。

「先輩、意外と女に手玉に取られるタイプですね」

などとはいえなかった。後になって、いっておけばよかったような気もしたが、いってもどうにもならなかっただろう。

「あんまり自分が美人って自覚ないんだよなぁ。キレイっていわれるのが当たり前、日常だったからかな」

「いや、彼女は自分が美人なことも強く意識してるし、キレイといわせようとしてます」

これも、いい出せなかった。ともあれ高学歴で高収入で名家の令息と令嬢なのに、華やかな結婚式、披露宴はしなかった。入籍だけして、都心の新居で同居を始めた。

本人達の意思、信条ではなく、双方の親から反対があったらしい。これまた意外だったが、彼は先輩から事情を聞かされるうちに、双方の親のような気持ちになっていった。

先輩の親側は、まずは彼女がそこそこいい大学を出ているのに正社員になったことがなく、ずっと派遣社員だったことを反対の理由にした。

経歴も容姿も申し分ないのに、最終面接で落ちてしまう。どの面接官かが必ず、何かを嗅ぎつけてしまうようだった。と、これは先輩にではなく後に報道で知らされた。

彼女は先輩と会ったときは、派遣とはいえ有名商社に勤めていたが、その前は五年くらい何もしてなかったという。そう、派遣なのに正社員のふりをしていたのだ。

何もしてないのに彼女はそれなりのマンションに住み、そこそこの暮らしぶりだった。

父親と折り合いの悪かった彼女は、実家からは援助してもらっていない。これは先輩の親でなくても、良からぬアルバイトをしていたか、世話をしてくれる男がいたと見るだろう。先輩も、そこのところは言葉を濁した。

これも後から盛んに週刊誌などに書き立てられたが、彼女は風俗店でバイトし、そこで知り合った年配の男から結婚後も援助を受けていた。

「まぁ、なんだ。あいつは秘密が多い。そこも魅力っちゃ魅力」

そういう先輩もまた、親といっとき絶縁状態だった時期があるとのことで、そのあたりを彼女の親はいろいろと調べていた。

先輩は浪人中と大学在学中にギャンブルにはまり、借金をこしらえて嘘ばかりつき、家の金を持ちだしたり金目の物を売ったり、ついには親に肩代わりさせた。金貸しなどが、親も脅しに来たらしい。

その後は先輩は心を入れ替えてそれなりの会社に入り、それなりに評価もされているのだ。しかし彼女の親側からすれば、大いに問題ありなのだった。

「人はそんな、変われるもんじゃない。彼の本質は、学生時代の放蕩（ほうとう）にありだ。目の前の安い快楽に流され、溺（おぼ）れやすい弱さがある」

お宅の娘はどうだ、とこれを聞けば彼の親側もいい返しただろうが、考えてみれば彼女には流されやすく溺れやすい性質はなく、冷徹に目的に向かって進み、成し遂げる強さを備えていたのだ。良くも悪くも。

ともあれ彼女の親に反対されたことで先輩の親は気を悪くし、先輩の親に反対されたことで彼女の親も意固地になった。

特に彼女の父親が、娘を偏愛しているのか突き放しているのか、気にいらない男と結婚したから絶縁だといったらしい。

よって、結婚したのに双方の親は顔を合わせることすらなかった。彼女は指輪も要らないといい、それでも姓は先輩の姓を名乗った。

二人は、都心のしゃれた高級マンションに住むようになった。中古だが新築といっていい、1LDKのデザイナーズ・マンション。決して広くはないが、公園近くのいい環境にあり、長身の美男美女に相応しかった。

彼女は結婚してから、勤めは辞めていた。正社員じゃなかったもんね、といった話はなしにして、いわゆる妊活に励みたいと堂々といい放った。

「互いに三十も過ぎているので、早く子どもが欲しいし、いつできてもいいように」

といったことを、はきはきとアピールする。つい寝室での二人を想像、妄想して彼はなんともいえない気持ちになったが、いや、何か違うな、とも感じていた。

彼女は、子どもなど欲しがっていない。基本的に彼女は、見栄っ張りで楽をしたい女なのだ。稼げる男を捕まえたから、優雅に何もしない奥さんをしていたいのだ。彼女にとっての妊活宣言は、働かないことの言い訳にすぎない。

だが、彼にとってそれは彼女の減点にはならない。所詮、人妻なのだ。他人の妻だからこそ、寛容になれるし冷静に見られるし、淫猥で魅惑的なのだ。自分の妻だったら、という妄想は次第に薄れていった。手に入らないがゆえに、ずっと淫靡な想いを持ち続けられる。

そんな彼は新婚の先輩夫婦に、たびたび招かれた。

先輩からすれば、彼は仕事がものすごくできることはないが、無能の烙印を押されてもいない。戦力の一人ではある。学歴も見た目も能力も、自身に比べれば微妙にして絶妙に落ちるが、おちこぼれ、みっともないという枠組みには入らない。後輩先輩からすればそんな可愛い無害な後輩だから、妻が色目を使うことはない。後輩もまた、きれいな奥さんですねとお世辞だけではなく本気でうらやましがっているが、良からぬ振る舞いに出られるわけがない、と思っていたのだろう。

しかし彼は先輩のマンションに呼ばれるたび、自分のこれは憧れなのか恐れなのか好奇心なのか怖いもの見たさなのか、よくわからなくなってくるのだった。

それは当の先輩もではないか、と感じた。彼女だけが、変わらない。そうだ、初めて会ったときはこんなじゃなかったのに、でも、変わりないと思えるのだった。

あり得ないが、トイレでも臭い排泄物の代わりに、芳香のする別物を出しているのではないかという気がした。それをのぞいてみたい、嗅いでみたい、なめてみたい。

自分はおかしいと思わず、それほどまでに彼女は魅惑的だった。

先輩は勤めを終えた後、同僚や後輩を誘って飲みに出て、かなり酔ってから自宅に戻る。妻となった彼女が、美しい般若の形相で待つ家へ。

彼女は酔ってないのに、据わった目つきで先輩を罵る。

給料はまあまあとしても浪費が多すぎる、浮気したことがあった、殴ったことがあった、実家の親との関係が悪い、等々。

そのとき彼女は、その空間で最も偉く怖い人になっていた。誰も逆らえない、女王の貫禄があった。

同僚や後輩は先輩を適当にかばって彼女をおだてて、適当なところで切りあげる。先輩の世話をして機嫌を取りたい、軽く恩を売りたいのもあったが、おもしろがっているところもあった。先輩は威張り散らすタイプではないが、恰好(かっこう)つけではある。

その先輩が、弱いところや恐妻家ぶりをさらけ出す。先輩が責められているとき、自分もまた怖い美女に追い詰められている気分になれる。

「私を怖いと思ってる？」

あるとき、彼はたまたま先輩が席を外してふたりきりになったとき、そうささやかれるように聞かれた。いいえ、といおうとして、はいっ、とうなずいてしまった。

「怖さが、魅力的です」

「あなたは、夫より私をわかってる」

そう、さらに低い声でささやかれたとき、先輩が戻ってきた。

しばらくして、彼のスマホに彼女からのＬＩＮＥが届いた。夫である先輩からＩＤを教えてもらったのではなく、勝手に調べて友達追加したらしい。

「ダンナには内緒の話がしたいな」

という、大胆な誘いとも冗談で済む挨拶ともとれるメッセージだった。だから彼も、

「ぼくも、カノジョにいえない話をしますよ」

などと返した。万が一、交際相手はいなかったが、いるとしておいた方が牽制にも用心にもなると考えた。万が一、先輩にこのやり取りを見られてもいいように。

「ちょっとぽっちゃりしてきたから、公園まで走ろうかな」

一日に一、二回ほど、他愛ないメッセージが来る。同じような返事を返した。

「いやいや、充分に細身ですよ。でも、運動するのはいいことですね」

常に彼は、先輩に見られてもいいようなやり取りを心掛けた。そもそも彼女も、二人で会いたいみたいなことはいっさいいわない。

私だってトイレでは排泄するのよ、という雰囲気の挑発と、私はトイレには行かないわ、という匂わせを交互にしてくる。

彼も、それに合わせる。あなただってトイレに行くでしょう、という突き放した返事をし、あなたはトイレに行かないでしょう、といった幼い純情さを漂わせる。

彼女に心惹かれるものがあるのは確かだが、強い躊躇いがあった。

怖い、ともいえた。それは何か間違いがあって先輩に追いこまれ、会社に居られなくなる、といった怖さではない。

もっと違う、もっと黒い破滅に導かれる予感だ。

そうこうするうちに先輩から直接、彼女の愚痴や秘密を打ち明けられるようになった。

「あいつ、マジに怖くなってきた」

まずは、彼女が家事をしない、浪費癖がある、どうも男の影がある、といった彼女の不品行によって結婚を後悔しているものだった。

ここで彼が本気で彼女に横恋慕しているなら、心が浮きたったかもしれない。しかし純粋に、双方を心配してしまった。あり得ないとは思うが、これで彼女が自分の方に重く寄りかかってきたら、という不安もあった。

そして先輩は、すでに別の女に心を移していた。

先輩によると、無職で親にも見放されていた頃に面倒を見てもらっていた年上のホステスがいて、久しぶりに連絡して会ってみたら、何も変わりなかったという。それに惹かれてなのか、

「こっちと結婚したほうがよかったな」

という気持ちになって、よりを戻してしまったというのだ。苦労させて泣かせた分、楽にしてやれる、今なら自分の方が収入も多い、と。

「あいつとは喧嘩ばっかりだよ。今は寝室も別」

妻と彼がＬＩＮＥをしていることは、本当に知らないようだ。彼女とのやり取りは、

いつまでも無難なものだった。彼女は決して、夫婦間の不仲は書いてこない。

そのうち先輩は生々しくも憎々しげに、妻である彼女についてそこまでいうか、というようなことも暴露するようになっていった。

「あいつ、万引きで捕まったことが何度かあったんだよ。ブランド品に興味ないとかいって身に付けてたけど、あれって盗んだものだったんだ」

「えっ、えー、マジですか」

「全部が全部、盗んだ物じゃない。あいつ、学生時代からパパ活やってて、派遣社員になってからも何人かのパパに家賃や服、食事なんかをたかってた」

彼女はやっぱり、トイレでは臭いものを出していた。ああ、やっぱりな、というのはがっかり感なのか納得なのか。

「あの〜、いくらなんでも結婚したら、それはやめてるでしょ」

「わかんないぞ。今も男の気配を感じる」

ぼくじゃないです、とはいえなかった。そういう関係にまではいってないが、内緒のＬＩＮＥはそう勘繰られても仕方ない。

先輩とのそんなやり取りは、彼女にはいっさい伝えなかった。相変わらず彼女もまた、テレビで報道された事件やイベント、女友達と行ったレストランやライブ、といったことしか話題にしない。

「昨日、先輩と居酒屋で一杯やりました」

などとメッセージを送っても、

「ハイボールは安いウィスキーで作る方がいいね」

みたいな返事しか来ない。旦那に内緒の話も、といってきたのに、何もない。そういう彼も、交際中の女性がいる設定をなかったことにしてしまっていた。

先輩と彼女の結婚生活はしかし、誰の目にも危うくなっていた。先輩が手足に痣を作ったり、目が真っ赤に充血しているときがあった。

「あいつに殴られた。蹴られた」

などという。先輩も彼女に反撃して手を上げ、打撲傷を負わせたこともあった。彼女も夫婦仲の悪さを隠さなくなり、後の証拠にするためだと傷の写真を撮って、彼にも送ってきた。

正直、彼女が負った怪我より、先輩のそれの方がひどかったが、もちろんそれはいえない。そんなふうになってもまだ、夫婦は別れなかった。

「今、あいつに離婚訴訟を起こされたらヤバい。俺に女がいることも握られちゃってるし。このままだと、俺が有責者でがっぽり金を取られる」

反対していた親に、それ見たことか、といわれるのも嫌だったのだろうが、もはや二人は破滅への道を転がるのを自力では止められなくなっていた。

「あいつにも、男の影が見え隠れしてる。なんとか、その尻尾をつかみたい。そしたらお互い様で痛み分けの離婚だ。俺も金を持っていかれずに済むし、あいつが俺からがっぽり分捕った金持ってニコニコ再婚なんてのも阻止できる」

この夫婦に限らず、愛や信頼といった良いものばかりが二人を結び付け、離れ難くするのではない。打算、憎しみ、束縛、執着、もっと苦しめてやる、再婚なんかさせてやるもんか、そんな負の熱量で抱きあっているときもある。

そうして、先輩はふっといなくなった。

先輩が無断欠勤をする前日、実は彼は初めて先輩宅で彼女と二人きりになっていた。

「旦那に内緒で相談したいことがあるから、なるべく早く来てくれませんか」

というＬＩＮＥが入っていた。はい。とだけ、返信した。何かを恐れ、何かを期待し、彼は仕事を終えると先輩宅に直行した。

彼女が隠し持つ箱の中に、芳香を放つ美味なるものが入っているか、悪臭を漂わせる汚いものが入っているか。ついに確かめられる。

間取りは覚えてしまっている、といっても詳細を知っているのは入ってすぐのリビングだけだ。その向こうの夫婦の寝室は、入ったこともない。

「散らかってるけど、気にしないで」

リビングは、異様に散らかっていた。というより、物があふれていた。いつも座っていたソファには、夫婦の衣類が堆く積み上げられている。

「なんか、タンスの整理とかしてたんですか」

ソファの向こう側に、なぜかタンスが横倒しになっていた。見たことのないものだから、きっと今までは寝室に置いてあったのだろう。

タンスの中のものを、ソファに積み上げてあるのだ。そして、タンスは横倒し。なぜだ。離婚を決めて、衣類などを整理しているのか。聞いてはいけない気がした。中には、何が入っている。のぞきたい。のぞいてはいけない。恐ろしい排泄物が、違うもののふりをして芳香を漂わせているかもしれない。

しかも外も暗くなっていて肌寒いのに、公園に向けた窓が全開だ。寒いです、とはいえない雰囲気だった。

「飼ってた犬に、生理が来ちゃったのね。血の臭いがするから、窓開けてる」

先輩の家で、一度も犬など見たことがない。先輩からも、犬の話などまったく聞いた覚えがない。彼は今はアパート暮らしで飼えないが、いつか庭付きの一戸建てを買えたら大型犬を飼って一緒に走るのが夢だ、みたいな話を先輩にたびたびしていた。

もし先輩も飼っていれば、犬の話を返しただろう。それこそ広い庭付き一戸建てなら、犬がいても気づかない場合もあるだろうが、１ＬＤＫで気づかないなんてことがあるのか。

彼女は風の吹き込む窓辺に立ち、まるで闇の塊のような公園を眺めていたが、不意に振り返った。闇が移されたような目をしていた。

「あの人、今夜は帰らないわ。女のところに行ってるから」

「女、ですか。ぼくは知らないけど」

「あんな奴、かばうことないわよ」

いつ、寝室のドアが開いたのだろう。いつ、彼女が裸になって、自分も脱いだのだろう。どのようにして、先輩のベッドで彼女と抱き合うことになったのだろう。血の臭いを漂わせる犬など、寝室にもいなかった。

いや、彼女自身がそんな生き物であるといえばいえた。

彼は混乱の中にずっと、血なまぐささとも腐敗臭ともつかない臭いを嗅(か)いでいた。

自分はついに、秘密の箱を開けてしまった。中には悪臭に満ちた排泄物もなく、香(かぐわ)しい美味なるものもなく、ただただ暗黒が広がっていた。

「私を助けてね」

耳元でささやかれ、彼は何度もうなずいていた。

その間、確かに彼は強い視線のようなものを感じた。後ろめたさが、誰かに見られているという気にさせたのか。

そうして翌日、先輩は無断欠勤した。彼も含め、誰とも連絡がつかなくなっていた。

先輩のスマホはずっと、電源が切られていた。

「女のところにも、行ってなかったみたい」

彼女から、電話があった。落ち着いた様子で、淡々と他人事のように語った。驚いたことに、彼女は先輩の女がどこのどんな女であるか知っていた。

先輩のスマホやパソコンを調べたんだろうか。内緒で、いろいろ盗み見たのか。

そうだとしても、先輩はもう何をされても物いわぬ、いえぬようになっているのではないか。

「一日だけ、待ってみる。それで帰らなかったら、あちらの親にも伝えるし、警察にも届け出るわ」

頭、手足の切断された男の上半身だけの遺体が都内近郊の公園の植え込みの中から発見されたのは、先輩がいなくなった翌日の夕刻だった。

テレビでは身元不明となっていたが、推定される年齢とおおよその生前の身長、身体的な特徴が先輩とぴったり合致していた。

たちまち先輩がいなくなったのを知る人達からは、まさか、いや、きっと、という声が上がった。彼はもう、確信に近いものを抱いていた。

「ねぇ、私怖いわ、まさかうちの人じゃないかしら」

「警察に行ったらどうですか」

これしか、答えられない。そうこうするうちに、今度は都内の繁華街をやや外れたところにある空き家の庭から、男の足が見つかった。

鑑定の結果、胴体と足は同一人物のものとわかった。

そのニュースが流れた後、彼女から電話がかかってきた。彼は勤務中だったが、席を外して電話に出た。変わらず淡々としていたが、

「私、疑われているのかな」

かすかな笑いを含んだ声でいわれたとき、背筋が凍った。

警察に、世間に、ではなく、あなたに、という含みもあったからだ。

それから何日も経たないうちに、彼女は逮捕された。無論、夫殺しでだ。

ニュースより先に、会社の上司に聞かされた。警察はさておき、マスコミ関係者からの質問や取材には、あまりぺらぺらと亡き先輩の話を語らないでくれと。

会社の前でマスコミ関係者に声をかけられたが、無視した。あくまでも彼は被害者の同僚であり、殺人者たる妻と深い仲になっていたことは漏れてはいなかった。

彼女も逮捕を予感したとき、スマホの履歴などはすべて消去していたらしい。ちなみに先輩のスマホは、データも消去し燃えないゴミとして出していた。

彼女は女のところから帰った先輩が、リビングで寝込んでいたところをワインボトルで撲殺。一瞬たりとも躊躇しなかったと、後から彼女は強いまなざしで語ったとか。

朝になって、ホームセンターで植木鉢用の土を大量に買って配達してもらい、空にしたタンスに先輩の死体とともに詰めた。

その土に血を吸わせながら、各所をのこぎりや包丁で切断。胴体と足はスーツケースに入れて運び、別々に捨てたが、とにかく一刻も早く遠くに捨てたい一心だったという。

最も身元の判明しやすい頭部と手は、スーツケースに入れて遠方までタクシーで行き、海岸に埋めていた。

警察から、彼に事情聴取は来なかった。その後の話はすべて、テレビや週刊誌などから知った。いや、意外なところからも聞かされた。

彼女と深い仲になっていた男は他にもいて、そいつがテレビ局などに電話の録音を売っていたのだ。ニュース、ワイドショーなどで、彼女の声が流れた。

「ねぇ、私怖いわ、まさかうちの人じゃないかしら」

「私、疑われているのかな」

彼にいっていたのと、同じ口調。その提供者の身元は伏せられ音声も変えられていたが、派遣社員時代の同僚だったらしい。

きっとあの部屋には、彼やそいつ以外にも、彼女に引き寄せられた男達が出入りしていたのだろう。

彼女の恐ろしい排泄物を見たい、いや、彼女はそんなものは出すわけがなく、いい匂いの秘密を隠し持っているのだと焦がれる男達が。

もしかしたら、犯行に加担させられた男もいたかもしれない。

あのとき感じた異臭は、まさしく死臭と隠しきれない血の臭いだった。そして彼は先輩の死体が隠されたタンスを目の当たりにし、その近くで彼女とまじわった。

あのときの彼女はもう未亡人であり、殺人者であった。

彼女は彼とのＬＩＮＥから退室し、もう連絡はできなくなっているが、やりとりしていた記録は残っている。

あの電話の内容を売った奴のように、これをテレビ局や週刊誌に売ればいくらかの金になるのは確かだったが、彼はそれはしなかった。

彼女を裏切れば、自分があのタンスに入れられる気がした。その中で自分は、悪臭にまみれた彼女の排泄物にされてしまう。

決して、彼は彼女のいい匂いの秘密にはしてもらえない。

信濃国の姨捨山の語

（巻第三十第九話）

信濃の国更科という所に夫婦が住んでいた。二人は夫の姨母にあたる老女を引き取り暮らしていた。しかし、やがて妻が姨母を疎ましく思うようになる。果てには「山の中にすててきて」と夫を責めるようになった。仕方なく夫は、姨母を山に置き去りにして逃げた。だが夫は、親のように暮らしてきた姨母を恋しく思い、また山に入って姨母を家に連れて帰った。それ以来、その山を「おばすて山」と呼ぶようになった。

当時から僕は子ども心にも、これは奇妙な生活だな、不自然な暮らしと家族だな、と感じてはいました。

僕自身は常に疎外感と違和感を持っていましたが、母は確かにあの頃、あの奇妙な家族の一員でした。

ぼんやり、父と母と三人で暮らしていた、本当の家族の暮らしも覚えています。父の浮気で家庭は壊れ、母は僕を連れて家を出ると実家に戻りました。

夫婦喧嘩、父と母の修羅場というのはほぼ記憶にないのですが、それは母が自尊心が強くて内にこもる性質のためでしょう。

母方の祖父母は僕には優しかったですが、母はここでは喧嘩ばかりしていました。そのうちに心の均衡を崩し、そちらの病院にかかるようになってしまったのです。

僕も何度か、本気で母が死ぬんじゃないか、僕は殺されるんじゃないか、と怖くて泣いた覚えがあります。雨の夜、突然に家を飛び出していったり、夜中に叩き起こされて一緒に天国に行こうと泣かれたり。

止めてくれる祖父母がいなければ、僕は今頃ここにこうしていなかったかもしれません。となると、あの家族もあの事件も別の展開を迎えていたかもしれません。

あの頃の母は、専門の病院の治療と薬で落ち着いてきてはいましたが、ちょっとしたことで感情が爆発して死ぬと騒いだり、いきなり皿を投げて割ったり、電車内でもう嫌だと号泣したり、危ういところも残っていました。

それでも母は僕を祖父母に預けて勤めに出たり、通院の傍ら様々な教室に通ったり、ときにはお見合いパーティーみたいなものにも出て、将来を必死に模索はしていたのです。

その教室のどれかで、母はネエサンと知り合ったのでした。

ネエサンは周りの会話などからなんとなくどんな人なのか、伝わってきました。母と似た境遇の人でした。そう、性格も似ていたのです。

歳も母と同じくらいだったネエサンは、籍は入れてないけれど夫と呼ぶ人と一緒に暮らし、塾や高校の非常勤講師などもしていた真面目で地味な印象の人でした。籍を入れない理由は、何らかの事情で相手に多額の借金があったためだと聞いています。

その夫には借金だけでなく愛人までいて、そちらに子どもができたためネエサンは置き去りにされたのでした。

夫が妻より愛人を取った。母とネエサンは同じでした。同病相憐れむだの、傷を舐め合うだの、そんないい方は酷いと思いますが、的外れではないでしょう。

ネエサンは実家には戻らず、僕が後にママサンと呼ぶことになる人の家に住んでいました。ママサンは、ネエサンの実の姉でした。

妹と違って派手で華やかな見た目と性格のママサンは、早くに結婚した夫を脳溢血の突然死で失い、若くして未亡人となった人でした。

亡夫の保険金は将来のためにと手を付けず、近所の商店街で喫茶店、友達の家のガレージを借りて雑貨店を一人で経営するやり手で、高級マンションに暮らしていました。

若いうちにできた子どもはすでに成人し独立していたので、ママサンはいろいろ困っていた妹のネエサンを呼び寄せたのでした。

そしてそのネエサンが僕の母をママサン宅に呼び、いつしかその子どもの僕も住むようになっていたのです。

ネエサンはその家の主人たるママサンの実の妹ですが、その友達の母は単なる居候です。さらにその子どもの僕。僕の居場所がない感じは、なかなかなものでした。

ともあれそこで僕の、彼女らに対する呼び名が取り決められたのでしょう。

母はそのままお母さんでしたが、僕にとってネエサンとママサンの「ネエ」と「ママ」には「姉」や「母」の意味はなく、「サン」は敬称の「さん」でもなかった。「ネエサン」「ママサン」は、それ自体が一つの記号、名前として独立したものでした。

僕と母は一つの部屋を与えられ、それなりに穏やかで普通の暮らしをしていましたが、

「お母さんの友達のお姉さんの家に住んでいる」

という話をすると、大人も子どももみんな妙な顔をしました。母方の祖父母も、

「そんな変な同居、聞いたことがない。気苦労もあるだろうから、こっちに戻れ」

というのは母に、再三いっていたようです。けれど母は、動こうとしませんでした。

何軒かの病院に通ったけれど、今の病院が一番合っていて、その病院がママサン宅の近所というのも理由にしていました。

母は家事全般を引き受けつつ、たまにママサンの店も手伝いに行ってましたから、ただの居候ではなかったのです。住み込みの従業員、といえなくもありませんでした。

ともあれママサンはあまり家にいなかったし、その分ネエサンは家庭的で穏やかで大人しくて、僕にはそんなに居心地が悪い家ではありませんでした。

次第に家もみんなもおかしくなっていったのは、ママサンがボーイズバーに溺れたのがきっかけでした。と、後の報道などでもそういうことになっています。

大きく間違ってはいないのですが、ママサンが賃貸の店や友達のガレージの間借りではなく、自身の店舗を持ってもっと手広く商売をしたいといい出した頃から、歯車は軋み始めていたような気がします。

亡夫の保険金に加えて銀行からも融資を受け、かなり大きな家を建てるといい出したのです。一階を店舗にし、二階を住居にする。その計画でした。ネエサンは、そんな博打みたいな真似はしなくても、今のままでいいと渋っていました。

ママサンは二階に、ネエサンや母と僕も住まわせるつもりでいたのだと思います。

それが、誰かに連れられて行った都内のボーイズバーにママサンは夢中になり、さすがに毎晩ではないものの、週に三日ほど通うようになったのでした。

ママさんのいい分としてはまず、ホストクラブではない、というのがありました。

その区別は子どもだった僕だけでなく、そのような場所に縁も興味もなかったネエサンや母にもよくわからないものでした。

要するにハマッたら使う金が天井知らずになるホストクラブと違い、ボーイズバーは時間制で定額だから、使う金は限られている、たかが知れている、というのです。

さらに、ホストはどっぷり夜のプロだけど、ボーイズバーの子は学生バイトやフリーターの普通の男の子だなどというのです。

派手で華やかに見えて、男に関しては意外と純情で経験のなかったママサンは、そのようなわかったふうなことをいいながらも、ママサンいうところの普通のバイトくん達に一晩十万二十万と使わされていきました。

さらに、特に気にいった男の子と過ごすため店の近くに部屋まで借りてしまい、彼の生活費まで出すようになったのでした。

すでに家の建築は始まっていたのに、みるみるうちに保険金も貯金も減っていきました。

ママサンの店はそれなりに売り上げもありましたが、毎晩のように何十万も遊興費に使えるほどではありません。ネエサンはママサンから給料をもらう身で、母はほぼ無職の無収入でした。

ママサンとネエサンは、顔を合わせるとお金のことで喧嘩をするようになりました。

そのとばっちりは、こちらにも来ました。

「自分のお金でボーイズバーに行って何が悪い、私はあんたやあんたの友達、さらにその子の面倒まで見てやってんだ」

これは、正論でした。真っ向からこういわれると、ネエサンは口ごもります。でも、

「建築費はどうするの。やっぱり建てるの止めます、では済まないでしょう」

これをいい返すと、ママサンも勢いが落ちます。

「使い果たしてないわ。まだ残ってるし。これからも稼ぐし」

「稼ぎに浪費が追いついてないってば」

「そういうあんたは稼げないじゃないよ」

「私は浪費もしないから」

いずれにしても、母はおろおろするばかり、発言権はありません。ましてや居候でオマケの僕など、できるだけ目立たないよう、気に障ることをしないよう、存在感を消しているしかないのでした。

そうこうするうちに、ママサンは帰って来なくなりました。店のお気に入りに借りてやった部屋で、ほぼ同棲生活を送るようになったのです。

お金も生活ぶりもどんどんいい加減になっていくママサンに代わり、店のお金の管理も、建築会社や銀行とのやり取りもネエサンが仕切るようになりました。ママサンもそういうところではネエサンを利用、いえ、信頼していたのです。

目減りするだけの保険金と貯金に青ざめたネエサンは、ついに親に泣きつきました。親の所有する土地を担保に、かなりのお金を借り入れたのです。ところがママサンはそれで安心したのか、お気に入りの男の子を独立させてやるだの、共同でボーイズバーをやるだの、もっといい二人の部屋を借りるだの、さらに浪費を加速させていったのでした。

ついにネエサンは、担保にしていた親の土地まで売るはめになりました。自分のせいではないのに親に土下座して号泣したネエサンだけでなく、いったん落ち着いていた母もまた情緒不安定になっていきました。

母が飲めない酒と薬を飲みすぎて救急車で運ばれて入院したり、ネエサンがみんなで死のうと泣きわめきながら家具を壊したり。僕も泣いてしまいました。

そうして事件当日。僕は本当に、何が起きたかしばらくわかりませんでした。久しぶりにママサンが帰ってきて、リビングでネエサンと酔っぱらって口論していたのは、なんとなく覚えています。

そのとき僕と母は一つの部屋にいて、僕は寝床でうとうとし、母は僕に背を向ける恰好(かっこう)で小さな机に向かい、読書をしていたか何かを書いていたように思います。

そうして朝の光の中で目覚めた僕は、異様な臭いを嗅(か)ぎました。後からわかるのですが、それは血とむき出しの内臓と、そこからこぼれた排泄物(はいせつ)、すでに始まっていた腐敗によるものでした。

母はすでに部屋を出ていて、リビングに行くと母は妙に晴れ晴れとした顔でネエサンと向かい合っていました。

それでも僕は、一見すると平穏な朝の光の食卓に、何か黒いものを感じ取っていました。

「臭い。なにこの臭い。ママサンはもう出てったの」

という問いかけを、絶対にできないと自制したのでした。

その夜のうちにネエサンは逮捕され、母も事情聴取のために警察に出向きました。

僕は後から、まるで部外者のようにテレビや雑誌、人の噂などで詳しいことを知りました。当事者達は、何も語ってくれなかったのです。

……荷物を取りに久しぶりに帰ってきたママサンとネエサンは、リビングで激しい口論となり、ママサンが酔いと疲れで座ったままうとうとしたところを、ネエサンは着物の腰紐を使って首を絞めあげました。

風呂場に運んで裸にし、ネエサンは包丁や小型のノコギリなどでママサンの遺体をかなりこまかく解体したのでした。

僕が朝に嗅いだ異臭は、やはりママサンの死体のものでした。

ネエサンは家中のスーツケースやバッグにママサンの死体を分けて詰め込み、夜が明けきらない頃に車のトランクに入れて実家近くの山林に運びました。

ネエサンは体力と気力の限界で、後から穴を掘って埋めるつもりで、そのときは山林内に死体を放置して帰宅。一通り風呂場の掃除もして血の痕跡(こんせき)を消しました。

そして何食わぬ顔で、起きてきた母とリビングで談笑していたのでした。

ところがその日の昼間にはもう、犬の散歩で通りかかった近所の人によってスーツケースの遺体は発見されました。夏だったため、腐敗臭は犬でなくても嗅ぎつけられるほどになっていたのでした。

さらにスーツケースの中に、ママサンの名前が宛名(あてな)になっているダイレクトメールが入っていたのでした。ネエサンは、それに気づかなかったのです。

母は警察で、まったく事件については知らぬ存ぜぬで通しました。ネエサンも、母は無関係であり、単独の犯行だと自供しました。

ママサンが亡くなり、ネエサンも当分の間は帰ってこられません。僕と母は早々に荷物をまとめ、ママサンの家を出て母の実家に戻りました。

赤の他人、ただの厚意でいさせてもらっていた僕と母には、そこにいる理由も意味も権利もありません。しかし僕らは、二人きりでは生きていけなかったのです。

すでにニュース、ワイドショー、スポーツ紙、あらゆる媒体で事件は大きく取り上げられていました。母との奇妙な同居も言及され、まるで母が共犯者であるかのように書くところもあったようです。僕は転校させられ、情報からは遮断されました。

母方の祖父母は、とりあえず大変に心配して匿ってくれ、僕と母はしばらく息をひそめて暮らしました。祖父母は何をどう責めていいのかもわからず、

「お前らが殺されなくてよかった」

というところに落ち着きました。母はときおり来る警官にだけは対応し、マスコミ関係者は一切お断りという姿勢を通しました。

どんな大事件も、当事者を除けば次第に風化し、忘れ去られていくものです。次々に新しい劇的な事件は起こり、大きな災害や事故、芸能スキャンダルに世界的な大会や祭典も開かれます。

やがて祖父母の尽力と伝手で、僕らは遠くに引っ越しました。知り合いも過去を知る人もいない土地で、ママサンとネエサンなど忘れきったふりをして、それなりに安定した新生活を始めました。

母の精神状態も回復し、地道な勤めもできるようになり、僕も学校生活を楽しみ、友達もできました。もちろん友達にも、あの過去の話は一切しませんでした。

ところがかなり経ってから、過去が追いかけてきたのです。何度目かの公判が開かれた頃、ネエサンは唐突に今まではいわなかったことをいい出したのです。

「実は姉殺しの実行犯は私ではなく、同居していた友達です」

そう、ネエサンはいきなり、母が真犯人だと名指ししたのでした。

ネエサンによると、リビングでママサンと口喧嘩になったときうちの母もいて、ママサンが寝入ったときに、

「今だ。殺すしかない。このままじゃあ、みんな共倒れよ。道連れにされるよ」

といい出し、ネエサンの寝室のタンスから腰紐を取ってきたというのです。そしてママサンに馬乗りになって首を絞め、その後は死体を風呂場に引きずっていったとか。

「一緒にバラバラにするのよ、と命じられました。私はもう何が何だかわけがわからない混乱のうちに、いいなりになりました」

などとネエサンは証言したのです。母は再び警察署に出向き、

「すべて嘘です」

と冷静にいったそうです。

それでもネエサンは、母が長らく服用している薬の中に、記憶が飛んでしまう成分が含まれたものがあったと訴えました。

だから母は殺害について忘れてしまっている、とネエサンはいうのです。

しかし母が、真犯人として逮捕されることはありませんでした。母の手には絞殺のときにできる擦過傷も、死体解体のときに手がすべって自分の手や指につく切り傷もありませんでした。ネエサンの手には、どちらもくっきり残っていました。

さらに、死体を詰めたバッグにも母の指紋はなく、山林に車で捨てにいった際、道路に設置されたカメラには運転席に一人でいるネエサンが映し出されていました。

「お母さんは、ずっと僕と一緒にいました」

という僕の証言も警察は、身内がかばっている、幼い子どものいうことだ、とは退けず疑わず、れっきとした証言となりました。

なぜ事件当時にはそれをいわず、今頃になってそんなことをいい出すのか。という問いに、ネエサンはこう答えました。

「友達は薬で記憶が飛んで、翌日になってみると本当に殺害を忘れてしまっていた。本当のことを告げれば大いに動揺し傷つき、自殺を図ったり子どもを道連れにしたりということも考えられた。だから、かばった」

これは本心ではなく、ましてや思いやりなどではあり得ず、なんとかして母に罪をなすりつけたい、自分が罪から逃れたい一心からでしょう。

「あなたは心神喪失、心神耗弱の状態にあったのだから、自首しても無罪になるか、うんと軽くなりますよ」

といった手紙が、後から母の許に届いていましたし。

けれど母は、やってないものはやってない、と突っぱねました。

結局、ネエサンは懲役十四年の判決を受け、服役しました。母は面会に行きませんでしたが、ときおり獄中のネエサンから手紙は来ました。

「僕ちゃんは元気でしょうか。可愛い僕ちゃんに会いたいです。もうすっかり男らしくなったことでしょうね」

　母は手紙を捨てはしなかったけれど、無造作に机の引き出しに突っ込んで放置していました。返事も書いてなかったようです。すべて、忘れたかったのでしょう。

　実は僕は、こっそりとその手紙を見て不思議な気持ちを募らせていきました。必ず僕のことが書いてあります。まるで僕が、ネエサンから手紙をもらっているような感じでした。

　僕はネエサンに冷たくされたことやひどい目に遭わされたことはなかったものの、我が子のように可愛がられた、という記憶もありません。

　なのに僕の中では、次第に美化されていったのです。写真を見ればそんな美人でもないのですが、美しくて優しくて家庭的な理想の女性、初恋の人となっていきました。

　僕は寮のある高校に進学し、家を出ました。大学在学中に母は婦人科系の病気にかかり、あっけなく世を去りました。

　母の遺品を整理したとき、ネエサンの手紙も写真も処分しようとしましたが、結局は取っておくことにしました。これは、僕へのラブレターでもあったのですから。

　就職して一人暮らしを始めた僕は、仕事関係の女性と交際し、結婚に至りました。

あの過去の奇妙な同居生活については、かなり変えて話しました。父方の伯母達と暮らしていた時期がある、と。上の伯母さんは病死し、下の伯母さんは国際結婚してずっと海外で暮らしていることにしました。

母方の祖父母については、母が一人娘だったと妻やその家族には伝えていましたし、すでに縁の切れていた父方の親戚としておけば、本当のこともばれにくいと考えたのです。

奇妙な関係性、あまりに凄惨な事件、刑務所にいるネエサン、それらは話せません。

「もしかして、本当に真犯人はお母さんなんじゃないの」

といった疑いを、妻が抱くのも恐れました。そのような人達と家族として暮らしていた、というのは妻は知りたくもないでしょう。

母方の祖父母は僕達の結婚式を見届けてから相次いで亡くなり、妻の親の援助を受けて僕達は郊外に新居を購入し、僕は責任ある仕事を任され、妻は待望の第一子を授かりました。悪阻が激しいので、早々に退職させました。

部屋が散らかり放題。湯気と匂いが気持ち悪いとご飯を炊けなくなった。そんなこんなもありましたが、平凡な幸せの中にあったのです。

……人事異動などが会社のHPに載り、それを見た、という連絡は会社にありました。

何年か前に出所し、一人でひっそりと住み込みの仕事をしていたネエサンです。会社にまで来てもらい、近くの喫茶店で会いました。

ネエサンはもちろん年月分の歳を取っていたけれど、なつかしいネエサン、家族だったネエサンでした。

僕とネエサンはあの事件についてはいっさい触れず、近況報告をしあいました。母の死に涙ぐみ、なつかしい思い出話をしました。

僕はその日、ネエサンを家に連れ帰りました。戸惑う妻には、

「外国でずっと暮らしていた伯母さんだよ。最近、旦那(だんな)さんが亡くなって帰国したんだ」

というふうに説明しました。妻はそれを、疑うなんてことはありません。真実の方が作り話めいていますから。

「あっ、ネエサンって呼んでしまうのは、ネエサンは子どもがいないからいつまでも娘さん気分で、子どもの頃からオバチャンっていうと返事してくれなかったんだ」

ネエサンと呼びかけて妻に不審な顔をされ、ついそんな作り話をしてしまいましたが、ネエサンは笑ってうなずいて冗談を返してくれました。

「生まれてくる赤ちゃんにも、ネエサンと呼んでもらうわ」

妻はにこやかに接待しようとしましたが、体調が悪いのでつらそうでした。

するとネエサンが、まるで親戚宅のように、というより我が家のようにさっさと部屋を片付けたり冷蔵庫の中のものでご飯を作ったり、洗濯物を取り込んだりし始めたのです。妻は恐縮し、でも喜んでいました。

そうして……ネエサンは我が家に居ついてしまったのです。悪阻で吐いてばかりの妻に代わって、家事全般をしてくれるようになりました。

玄関脇の物置みたいにしていた狭い部屋が、ネエサンの部屋になりました。

「無料で、優秀な家政婦さんを雇えたようなものね」

妻は失礼といえばそうだけれど、素直に感謝していました。またしても僕は、妙な家族構成となってしまったのでした。ネエサンは住み込み先を辞めて、こちらに本格的に住むようになり、住民票も移しました。

ますます妻には、ネエサンの正体を明かせなくなりました。ネエサンは、姉殺しで刑務所に入っていた人です。ただ殺しただけでなく、遺体を切り刻んで捨てていたのです。

いくら罪は償ってきたとはいえ、やはり血のつながりもないのにそんな人が家の中にいれば怖い、と思うのが普通でしょう。ましてや、妻はこれから出産するのです。

それは僕だって、大事な我が子をそんな人に預けて大丈夫か、と問われればいろいろと口ごもりますが、僕や妻や赤ちゃんが、ネエサンを激昂（げきこう）させたり追い詰めたりすることは、まずないのです。

僕は凄惨な殺人事件の現場も後始末も目の当たりにしていないので、現実感が乏しかったこともあります。

ともあれ、僕はすでに母を亡くしていたし、妻の方の実家はかなり遠方にあり、最初から妻は里帰りせず僕と二人で子育てをするつもりでした。

それが思いがけず、「夫の伯母さん」が手伝ってくれることになったのです。妻としては、姑に頼る気分になれたでしょう。

ネエサンも実に甲斐甲斐しくこまめに家事をしてくれ、本当に助かりました。妻も自然に、ネエサンと呼ぶようになっていきました。

やがて、可愛い息子が無事に生まれました。母に見せてあげたかったと思い、涙ぐみました。

ネエサンも泣くほど喜んでくれ、家事全般に加えて自身は子育ての経験はないのに、実にてきぱきと愛情深くおむつ替えにミルク作り、そしてお風呂に入れてあやしてと、妻以上に世話をしてくれました。

妻の親は最初、「夫の伯母」が住み込んでいることに驚いていましたが、こちらもすっかり感謝するようになっていました。

「本物のお姑さんがいないんだから、伯母さんがお姑さんでいいんだよ」

息子も順調に育ち、一年なんてあっという間で、よちよちと歩けるようになったし、ママ、パパ、まんま、みたいな言葉も発するようになりました。

ネエサンはちょっと発音が難しいのか、ネエ、です。

その間ずっと、ネエサンが家事も育児も主導してきました。ところが次第に妻が、

「あの、ネエサンっていつまでうちにいるの」

と、いうようになっていったのです。

「嫌いじゃないし、悪い人でもないし。でもやっぱり、なんかおかしくないかなぁ。あなたのお母さんっていうんなら同居も自然、普通だけど。伯母さん……なんだよね。あんまり、ないよね、それって」

ネエサンのいないところで、そうため息まじりにいうのです。

「すっかり体調も戻ったし、家事は一人でできるし。親子三人、水入らずで暮らしたいのが正直なところ」

「え〜、息子もなついてるし、これから二人目できるかもしれないし。お前も外で働きたくなるかもしれないだろ」

一瞬ですが、僕は妻と子よりネエサンを取る、くらいの気持ちになりました。

「そんとき、ネエサンがいてくれたら心強いだろ。ていうか、とてもじゃないけど姨(おば)捨(す)てみたいな真似、できないね」

そこで妻は、激怒しました。声を荒げ、いきり立ちました。こらえていたもの、抑えていたものがあふれて噴き出した感じでした。

「なにそれ、人聞きの悪い。捨てろなんていってないでしょ」

ネエサンの姿は見えないけれど、ネエサンのいる部屋の方を見ながら叫びました。

「近くにアパートでも借りて、そこに行ってもらえないか、といってるの」

息子をやや高く抱きあげた妻は、ふと息子をネエサンがいる方に向けると、鬼の形相で僕をにらみました。

「じゃあ、もう正直にいうわ。黙っていようと思ってたけど。あなたが隠してた手紙を見ちゃったの。刑務所から送ってきたやつ。あの人、父方の伯母さんじゃないでしょ」

息子も妻に抱かれたまま、今までしゃべったことがない初めての単語を口にしました。

「捨てろ」

本書は書き下ろしです。

業苦　忌まわ昔（弐）

岩井志麻子

角川ホラー文庫　22223

令和２年６月25日　初版発行
令和６年12月10日　再版発行

発行者――山下直久
発　行――株式会社KADOKAWA
〒102-8177　東京都千代田区富士見2-13-3
電話 0570-002-301（ナビダイヤル）
印刷所――株式会社KADOKAWA
製本所――株式会社KADOKAWA
装幀者――田島照久

●お問い合わせ
https://www.kadokawa.co.jp/ （「お問い合わせ」へお進みください）
※内容によっては、お答えできない場合があります。
※サポートは日本国内のみとさせていただきます。
※Japanese text only

ISBN978-4-04-109695-6　C0193

角川文庫発刊に際して

角川源義

第二次世界大戦の敗北は、軍事力の敗北であった以上に、私たちの若い文化力の敗退であった。私たちの文化が戦争に対して如何に無力であり、単なるあだ花に過ぎなかったかを、私たちは身を以て体験し痛感した。西洋近代文化の摂取にとって、明治以後八十年の歳月は決して短かすぎたとは言えない。にもかかわらず、近代文化の伝統を確立し、自由な批判と柔軟な良識に富む文化層として自らを形成することに私たちは失敗して来た。そしてこれは、各層への文化の普及滲透を任務とする出版人の責任でもあった。

一九四五年以来、私たちは再び振出しに戻り、第一歩から踏み出すことを余儀なくされた。これは大きな不幸ではあるが、反面、これまでの混沌・未熟・歪曲の中にあった我が国の文化に秩序と確たる基礎を齎らすためには絶好の機会でもある。角川書店は、このような祖国の文化的危機にあたり、微力をも顧みず再建の礎石たるべき抱負と決意とをもって出発したが、ここに創立以来の念願を果すべく角川文庫を発刊する。これまで刊行されたあらゆる全集叢書文庫類の長所と短所とを検討し、古今東西の不朽の典籍を、良心的編集のもとに、廉価に、そして書架にふさわしい美本として、多くのひとびとに提供しようとする。しかし私たちは徒らに百科全書的な知識のジレッタントを作ることを目的とせず、あくまで祖国の文化に秩序と再建への道を示し、この文庫を角川書店の栄ある事業として、今後永久に継続発展せしめ、学芸と教養との殿堂として大成せんことを期したい。多くの読書子の愛情ある忠言と支持とによって、この希望と抱負とを完遂せしめられんことを願う。

一九四九年五月三日

忌まわ昔

岩井志麻子

平安の世から今に甦る新今昔物語！

炎に飛び込み自らを焼いた兎。盗みに失敗して父を殺した子。図らずも3人を切り殺してしまった男。「今は昔」で始まり、「となむ語り伝へたるとや」で終わる「今昔物語集」。この日本最大の説話集を下敷きに、人間に巣くう欲望の闇を実際の事件・出来事を題材に語り直した、岩井志麻子版〈怪談実話〉新今昔物語が誕生。時代が変わっても、人間の愚かさは変わらない——。平安の世から令和の今に、遠く忌まわしき話の数々が甦る！

現代百物語 嘘実

岩井志麻子

これは、あなたにも起こりうる実話

さらりと驚くような都市伝説を語る女。芸能界との繋がりを自慢する主婦。人を殺しかけた体験を語る男。雑誌に殺人事件をタレこむ女。凄絶な不良少女と友達だと吹聴するお嬢様。過去をなかったものにする風俗嬢。だますつもりのない簡単なホラを吹く女……。人が嘘をつく背景には、どんな心の闇があるのか。著者の身の回りに実在する話を元に、現代人の虚実を暴き出す、書き下ろし百物語、大好評シリーズ第２弾！

角川ホラー文庫

ISBN 978-4-04-359607-2

現代百物語　悪夢

岩井志麻子

ふとした違和感。おかしな隣人――。

奇妙な赤ちゃんの夢を見る女。モデルの女性が怯える、忌まわしい村のしきたり。留置場にただ一人いた親切な男の意外な過去。叔母を憎み、互いも憎みあう偽姉妹。もう一人の自分に電話を掛ける男。取り憑かれ要員の女。著者がタイのレストランで見た、生々しい夢…。日常からふと顔を出した奇妙な話の数々から、悪魔が見せる夢よりもおぞましい人間の闇が浮き彫りとなる。好評実話怪談シリーズ、第４弾。〈特別寄稿・西原理恵子〉

角川ホラー文庫

ISBN 978-4-04-100347-3

現代百物語　殺意

岩井志麻子

日常にこそ、恐怖は潜む。

不思議な偶然が繰り返される女。いつの間にか入れ替わってしまった噂話。淫猥な生霊。延々と食べ続ける女。歪んだ正義感に駆られた人々の暴走。風に乗って窓から入ってくる「死んじゃえば？」というささやき声……。ある日ふと感じた不安や違和感の正体は、もしかするとあなたに向けられた強烈な殺意かもしれない。著者が各所で聞き集めた奇妙な話の中から、選りすぐられた99話を収録。大好評の実話怪談シリーズ、第５弾。

角川ホラー文庫

ISBN 978-4-04-100887-4